AF571028

Guillaume-Jean,
marin ou paysan

Armelle Renaux-Lefebvre

Guillaume-Jean, marin ou paysan

LE LYS BLEU
ÉDITIONS

ISBN : 979-10-422-1819-5

Rêves de mer

Je veux des bords de mer et des vagues salées,
Je veux le vent brûlant et la bise glacée,
M'étendre et me rouler sur le sable doré,
Attendre tous les soirs que l'Astre soit couché,
Monter à l'abordage d'un trois-mâts fatigué,
Qui aurait parcouru les mers du monde entier.
Je veux pouvoir rêver sur son pont déglingué,
Au soleil de Sicile ou face à un glacier.
Je veux narguer les étoiles, faire fuir les goélands
Et hisser la grand-voile, affronter tous les vents,
Pour partir avec toi par-delà l'océan
Tenir tête sans crainte à tous les éléments.
Que mes rêves d'enfant ne soient pas des chimères
Et prendre dans mes bras ce que donne la mer.

20/09/2022

Armelle Renaux-Lefebvre
Versi al Tramonto. Marsala

À Juliette, ma fille, mon soutien, toujours de bon conseil
À Emmanuel, mon époux, mon artiste, que je remercie pour la toile qu'il a peinte pour ma couverture.
Merci à toutes celles et à tous ceux qui me suivent et m'encouragent.

Première partie
Je ne veux pas être marin !

En ce début d'année 1861, Guillaume-Jean Le Dret dit Kerloc'h va sur ses dix-sept ans et navigue depuis bientôt cinq ans sur la Rance avec son oncle et son cousin François de presque trois ans son aîné. De Dinan à Saint-Malo ou Dinard, ils transportent du bois et des pierres de taille pour les nouvelles constructions qui poussent comme le chiendent sur la côte.

Saint-Énogat disparaît peu à peu parmi les belles maisons que se font bâtir les riches Anglais en s'étirant du côté de Dinard. Il est pourtant bien joli ce petit village de pêcheurs. Guillaume aime y venir avec son cousin charger les sacs de goémon sur la charrue du père Augustin. À marée basse, les goémoniers sont à pied d'œuvre pour couper avec leur faucille et récolter à la fourche ce précieux engrais qu'ils revendent aux fermes. Une fois séché, il sert de litière et de nourriture aux vaches quand le fourrage est rare. D'ailleurs, les femmes aussi utilisent cette algue pour rembourrer les vieux matelas.

Guillaume et François donnent un coup de main aux ramasseurs pour remplir la charrette et la suivre au rythme d'un cheval débonnaire jusqu'à l'embarcadère.

Les sacs sont chargés sur la « Marie-Jeanne » pour ne pas revenir à vide à Dinan. L'oncle Alexandre a quelques contrats pour le retour. Il livre le goémon à une fermière de Pleurtuit qui envoie un de ses employés à la toute nouvelle Cale de Jouvente. Ainsi, le voyage à Dinan rapporte un peu plus.

Guillaume fait confiance à Alexandre, mais il n'est jamais vraiment rassuré. Les chargements de bois et de pierres alourdissent le bateau et il faut être un très bon marinier pour ne pas chavirer au beau milieu de la Rance. C'est tout un art d'arrimer correctement la marchandise.

L'oncle connaît sur le bout de ses doigts les heures de basse et de pleine mer ; il sait quand la marée sera étale leur permettant un moment de répit. Pendant les marées de vive-eau, elle est agitée et pleine de pièges. Ce n'est pas parce que la Rance est une rivière qu'elle est calme toute l'année. Et les vents qui soufflent quelquefois avec rage peuvent drosser les bateaux sur la rive ou sur un banc de sable.

On a vu des péniches se mettre en travers et couper la route dans les deux sens aux autres embarcations. Plusieurs heures et beaucoup de monde sont nécessaires pour redresser la situation en remettant le bateau dans les eaux navigables.

Sur toute la partie qui va de Saint-Malo à l'écluse du Châtelier, ils naviguent dans l'estuaire en évitant les bancs de sable qui se déplacent au gré des courants et la vase qui s'accumule régulièrement.

Ce n'est qu'après qu'ils rejoignent les eaux calmes du canal inauguré en 1834. Un jour de grand vent et de fort coefficient de marée, Guillaume se fait une promesse qu'il tiendra toute sa vie.

Alors qu'ils approchent du Châtelier, la première en remontant vers Dinan, un chaland jaugeant bien plus que leur « Marie-Jeanne » chargé de bois, mais visiblement mal arrimé, chavire sous leurs yeux. Malheureusement une quinzaine d'ouvriers qui regagnent tous les jours la scierie, où les troncs doivent être débités, s'y trouvent aussi et sont jetés à l'eau sans qu'on ne puisse rien y faire.

Certains réussissent à nager, d'autres sont secourus par des embarcations à proximité. L'oncle Alexandre repêche trois de ces infortunés et les sauve de l'hydrocution et de la noyade. Cinq autres ne sont pas aussi chanceux. Leurs vêtements rapidement saturés d'eau les alourdissant, ils ne peuvent nager et Guillaume les voit disparaître dans les eaux grises et furieuses avant qu'aucun autre bateau ne parvienne à leur hauteur. Le regard effaré et les hurlements des hommes qui se noient le poursuivront jusqu'à la fin de ses jours. Il n'oubliera jamais leurs mains qui s'agitent encore alors qu'ils sont sous l'eau.

On retrouvera les corps bien plus loin et bien plus tard.

Traumatisé, après avoir aidé au sauvetage, comme dans le brouillard, il dit à voix haute : *« je ne veux pas être marin ! »*

Son destin est donc scellé. Il fera tout, n'importe quel travail mal payé, éreintant, sale, mais sur terre ! il se le promet.

Comme il est sous contrat avec Alexandre et qu'il ne veut pas paraître ingrat, il décide tout de même de terminer la saison. L'oncle sait bien que Guillaume ne sera jamais un grand marin, ni sur la mer ni sur les fleuves et canaux. Aussi ne lui a-t-il jamais proposé de faire les voyages en amont. De Dinan à Rennes où il a fait négoce de cidre, de grain et de sel en part à deux avec la Fanchenn il y a bien longtemps, avant qu'elle ne devienne sa belle-mère, il continue à naviguer sur le canal en transportant la même marchandise et du vin de Bordeaux et de Gascogne au retour. Ces voyages-là l'ennuient un peu, mais rapportent pas mal d'argent. Quand il retournera « dans l'estuaire » comme il le dit, il parlera à Gaëdig, sa sœur et mère de Guillaume.

Il essaiera de trouver un engagement durable dans une des fermes qu'il connaît bien. D'ailleurs, il a déjà sa petite idée. Entre deux saisons de navigation fluviale, quand l'oncle Alexandre part au cabotage sur la côte bretonne, Guillaume a l'habitude depuis deux ans de louer ses bras dans des fermes près de chez ses parents, à Ploubezre.

Au début du mois de mars, il laisse son embarcation aux bons soins du chantier naval de La Richardais, qui appartient aux frères de Joséphine Legobien, pour quelques réparations avant de continuer les voyages le long du canal et s'en va la trouver.

Cette femme au caractère bien trempé, née à Saint-Servan 49 ans auparavant, courageuse et instruite, élève seule ses trois enfants. L'aîné, Joseph, issu de son premier mariage, est du même âge que

Guillaume et navigue depuis 4 ans. Joséphine, veuve pour la seconde fois, n'a pas voulu convoler de nouveau et doit faire preuve de beaucoup de courage pour éduquer Joséphine, neuf ans, Pierre, sept ans et Guillaume, cinq ans, tout en gérant sa ferme à La Boussarde. Son premier époux, Frédéric, était marin et peu de temps après leur mariage célébré en décembre 1833, il prend la mer pour ne revenir que 3 ans plus tard. Joséphine n'aura pas eu le bonheur de mener une première grossesse à terme. Après 4 mois à Pleurtuit, en septembre 1837, Frédéric embarque de nouveau pour les Antilles et revient en mai 1841. La sage Joséphine l'attendait toujours. Leurs retrouvailles furent de courte durée, l'armateur du brick « Le Souvenir » ayant un nouveau contrat à honorer en Méditerranée. Ils partiront en juin et seulement pour deux ans. Ce n'est que de retour en France en septembre 1843 qu'il fait la connaissance d'Augustin, leur premier fils, né en mars 1842 et âgé déjà d'un an et demi.

Ce bonheur sera de courte durée, car la vie de marin reprend le dessus et il repart pour les Antilles en décembre, laissant une épouse enceinte de leur deuxième enfant. Il ne le sait pas.

Frédéric meurt des fièvres le 23 mai 1844 à l'hôpital de Pointe-à-Pitre. Et ce même jour, à des milliers de kilomètres de l'île de Guadeloupe, leur fils aîné Augustin meurt à Pleurtuit d'une pneumonie. Désemparée et ne sachant pas encore que son époux n'est plus (elle ne l'apprendra que quelques mois plus tard) elle fait face courageusement et met au monde son deuxième fils, Joseph, le 4 juillet 1844.

Son second mari Pierre Daniel est mort en 1857, de la tuberculose, la laissant avec quatre enfants âgés de deux à treize ans.

Alexandre a bien connu Pierre, qui lui aussi était descendant d'honorables propriétaires terriens des côtes du Nord. Pendant des années, il convoyait son bois de charpente et ses céréales jusqu'à Dinard et Saint-Malo. Ils étaient amis, et Alexandre n'a jamais laissé Fine dans l'embarras. Il a continué à transporter quelques marchandises pour son compte à elle.

Depuis son deuxième veuvage, Joséphine ne se ménage pas. Deux de ses enfants vont à l'école : sa fille Joséphine et Pierre. L'aînée, une fois rentrée à la maison, prend en charge les tâches ménagères et la surveillance de ses deux frères. Elle apprend à lire et à compter au plus jeune, Guillaume, qui n'ira chez l'instituteur que l'année prochaine.

La veuve Daniel, qui descend d'une grande famille de maîtres-charpentiers et de constructeurs pleurtuisiens ainsi que de nobliaux dinannais de belle lignée, est allée à l'école, elle aussi. Pierre va chez le maître d'école dans une pièce attenante à la mairie, tandis que sa fille se rend chez les sœurs. Il n'est pas question d'accepter la mixité, monsieur le recteur y est formellement opposé ! Les jeunes garçons apprennent à lire, écrire et compter. Le jeune maître fraîchement débarqué de Paris leur inculque un peu d'histoire et de géographie. Chez les sœurs, Joséphine coud et ravaude autant qu'elle lit et écrit, mais quand elle a le temps elle interroge son petit frère pour en apprendre un peu plus. Ce sont de dures et longues journées pour des enfants, mais ils ne peuvent pas faire autrement.

Dès qu'Alexandre a eu vent de la volonté de son neveu de rester à terre, il a pensé à la ferme Legobien. Guillaume aime les animaux et les champs. Il n'est pas feignant, loin de là. Il n'aime pas se trouver sur l'eau, c'est tout.

Arrivé à la Boussarde, Alexandre est accueilli comme un membre de la famille. Il prend Joséphine dans ses bras et lui claque trois grosses bises sur les joues. Elle a l'air fatiguée, la Fine.

Fine, c'est le gentil diminutif que lui avait donné son regretté Pierre. Ça lui allait bien, tant elle était gracieuse et mince comme une brindille. Aujourd'hui, elle est plus maigre que mince et même si elle est toujours avenante, on voit bien qu'elle est épuisée.

— Alexandre ! Quelle surprise ! s'écrie-t-elle lorsqu'il la lâche. Entre donc boire une bolée de cidre. Tu veux une galette ? Je te prépare une petite collation ?

— Ce n'est pas de refus, Fine. Je suis venu à pied de La Richardais et il ne fait pas froid pour un début mars. J'ai avalé de la poussière en veux-tu en voilà, malgré les fondrières laissées par les averses des semaines passées ! répond-il en riant.

Ils rentrent dans le corps principal de la ferme. Bien tenue et prospère, son exploitation à la Boussarde est réputée pour ses vaches et ses champs de blé et de maïs. La terre est bonne dans le coin, pas loin de la Rance. Les terres et la ferme viennent de sa famille maternelle et Fine fait fructifier l'héritage de ses enfants jusqu'à ce qu'ils le reprennent à leur compte un jour.

Elle reste un temps songeuse et tout à coup se reprend :

— Dis-moi, il n'est pas arrivé un malheur au moins ? Non, avec ta mine réjouie, je ne le pense pas. Qu'est-ce qui t'amène ici, donc ?

Alexandre, après avoir étanché sa soif en regardant Fine lui couper des tranches de pain et du lard, lui demande :

— Tu cherches toujours un gars pour te donner un coup demain ?

— Oui, pour sûr ! lui répond-elle. Je ne rajeunis pas ! Et mes enfants vont à l'école sauf le petit Guillaume. Ils m'aident comme ils peuvent, mais je veux qu'ils aient un peu d'éducation.

— Comment ça, tu ne rajeunis pas ? Tu es encore plus jeune que la dernière fois que je t'ai vue, la flatte Alexandre.

— Dame, j'ai fêté mes 49 printemps le 4, il y a 5 jours !

— Tous mes compliments pour cette année de plus !

— Merci, réplique-t-elle tout de même flattée. Pour ce qui est des garçons de ferme, ils se font rares ; nos hommes veulent tous partir naviguer pour rentrer riches et gras. Quand ils reviennent. Et quelques-uns sont déjà partis pour Paris ou Le Havre. Il n'y a plus que des saisonniers dans le coin. Et ce n'est pas la crème du métier, je peux te le dire ! J'en réveille plus d'un à coups de pied aux fesses, endormis dans le foin ou même dans le fumier, souls qu'ils sont quand ils reviennent du cabaret. Mais tu as quelqu'un en tête ?

— Mon neveu Guillaume-Jean, le fils de ma sœur Gaëdig, cherche un engagement.

— Mais je croyais qu'il naviguait avec toi sur la Rance.

— C'est le cas, mais il n'est pas fait pour ça.

— Il est flemmard, ton neveu ? demande Fine, soupçonneuse.

— Pas du tout ! C'est un brave gars. Un peu taiseux, mais courageux. Et il aime les bêtes. Rien ne lui plaît plus que de soigner les vaches et les moutons. D'ailleurs, il se loue depuis quelques années déjà chez des cultivateurs du côté de Ploubezre entre deux campagnes de fluvial. Mais il lui faudrait du travail pour plusieurs mois dans l'année. Pour sûr, il n'est pas feignant, mais, que ça reste entre nous, il a peur de naviguer ; même sur les canaux ou sur la Rance. Il ne se sent bien qu'à terre. Et après ce qu'on a vécu dernièrement, il est décidé à finir son contrat avec moi et à chercher un engagement dans une ferme.

— Tu me rassures ! Que s'est-il passé dernièrement, pour qu'il soit effrayé à ce point ?

— Tu as entendu parler du chaland qui a chaviré au Châtelier ? J'ai repêché trois des marins tombés à l'eau. Malheureusement, cinq autres se sont noyés sous nos yeux. Et notre Guillaume, déjà peu à l'aise sur l'eau, a juré haut et fort qu'il ne serait jamais marin.

— Alors, c'était toi ! Je comprends mieux ton neveu ! Quand on n'est pas fait pour ça, la navigation n'a rien d'attirant. Il a quel âge maintenant ?

— Il a presque 17 ans et c'est un sacré gaillard ! Pas très grand, mais fort et courageux.

— Tu peux me l'amener quand ? demande Fine. Il n'est plus sous contrat ?

— Si tu en veux comme garçon de ferme, je le libère aussitôt. Mes deux fils, Alexandre et François, veulent naviguer avec moi et prendre des contacts pour acheter leur propre chaland de Rance. On ferait part à trois. Alexandre fait son service dans la marine, mais il sera libéré dans un an ou deux. D'ici là, je peux trouver un ou deux gars de Saint-Malo ou de Saint-Énogat. Ce n'est pas ce qui manque, les jeunes qui veulent apprendre à être marins, comme tu l'as si bien dit !

— Alors, viens avec ton neveu dès que possible. Je l'attends. On verra ce qu'il sait faire.

Alexandre, après être resté un petit moment à échanger des nouvelles de la famille, repart vers La Richardais non sans embrasser les garçons de Fine qui rentrent de l'école pour aussitôt ressortir travailler, avec une tranche de pain beurrée et une pomme en guise de collation, surveillés de près par leur sœur qui avait emmené petit Guillaume avec elle.

Aux chantiers navals, il retrouve son neveu et son fils qui l'attendent en jouant aux dés. Alexandre n'apprécie guère ces jeux où beaucoup de ses connaissances perdent régulièrement leur solde. Il se souvient du premier mari de Gaëdig, qui a également perdu la vie dans un bordel loin de la France et de sa famille et à qui l'on avait volé toute sa paie.

Mais les garçons ne jouent pas pour de l'argent. Ils passent le temps. Et de toute façon, François laisse ses sous à son père, comme le fait son frère Alexandre, pour acheter leur bateau. Tout est placé chez un notaire de Saint-Malo.

Guillaume est trop fier d'aider sa mère en lui rapportant ses quelques pièces quand il rentre.

Alexandre observe les deux jeunes gens, s'approche et interpelle son neveu :

— Guillaume, viens me voir un peu, mon gars.

Guillaume s'approche, un peu sur la réserve, ne dit rien et attend.

— Il y a un problème, je crois, reprend Alexandre, qui retient un sourire devant la mine atterrée de Guillaume. Je t'ai entendu l'autre jour jurer que tu ne serais jamais marin. C'est vrai ? Tu ne veux pas naviguer ?

— Heu, non, bredouille Guillaume intimidé.

— Comment ? Tu ne veux pas parcourir le monde, les mers, du nord au sud, ni la Rance ? Connaître les filles alanguies sur le sable brûlant ? Te remplir les poches d'or et de pierres précieuses ? gronde Alexandre avant d'éclater de rire.

Comprenant que son oncle ne lui en veut pas, Guillaume se rassure et se détend.

— Alors j'ai une proposition à te faire. Je t'ai entendu l'autre jour quand la péniche a chaviré et je sais que tu ne veux pas être marin. Si tes parents sont d'accord, bien sûr. D'ailleurs, pourquoi ne le seraient-ils pas ? Ta mère veut te garder près d'elle le plus souvent possible. Et je la comprends.

Guillaume est intrigué par cette dernière remarque, mais n'en laisse rien paraître :

— Quelle proposition, mon oncle ?

— Je vais voir le chef de chantier pour savoir combien de temps il compte passer sur les réparations de la « Marie-Jeanne » et je te dis ce qu'on va faire.

Sur ces paroles, il part à grandes enjambées vers la cabane du chef de chantier. Yvon est un type râblé aux mains calleuses et à la mine joviale. Il est charpentier de marine, comme son père et ses grands-pères. Ils sont propriétaires du chantier naval où Alexandre laisse son chaland quand il a besoin de réparations.

— Yvon, dis-moi, lance-t-il à l'homme qui vient de sauter d'un bateau sur bers, tu en as pour combien de temps avec ma « Marie-Jeanne » ?

— Pas plus de quatre jours, lui répond-il, il n'y a que quelques chocs à réparer. Disons que je finirai samedi. On fera le calfatage en fin d'année comme prévu. Pourquoi ?

— Je dois me rendre à la Boussarde avec Guillaume. J'irai demain matin et j'y passerai la journée. Donc pas de problèmes. J'emmène François aussi. Ils s'entendent comme larrons en foire, ces deux-là.

Alexandre rejoint son fils et son neveu et leur fait part de son intention d'aller à la Boussarde le lendemain. En attendant, ils se rendent à l'auberge où ils ont leurs habitudes pour se restaurer et passer la nuit.

Le lendemain matin, de bonne heure, ils partent pour la Boussarde près de Pleurtuit. Il fait frais en ce début de mars, mais par chance il ne pleut pas. Les routes sont assez embourbées comme ça, il n'est pas besoin d'en rajouter.

Arrivés à la ferme, ils aperçoivent Fine qui nourrit les volailles. Elle les voit à son tour et vient au-devant d'eux.

— Alexandre, te revoilà ! Venez, entrez et asseyez-vous. Je finis de jeter du grain aux poules et j'arrive.

Les trois hommes entrent dans la vaste cuisine où règne une bonne odeur de pain frais et de café qui chauffe sur le bord du poêle depuis le petit jour.

Fine les rejoint et leur offre le déjeuner sans faire de manières : grand bol de café au lait et tranches de pain beurrées.

— Alors, commence-t-elle, voilà François, ton second garçon. Qu'il est grand ! (c'est vrai que son fils est plus grand qu'Alexandre) et toi, tu es Guillaume-Jean, le fils de Gaëdig.

Guillaume la regarde, étonné.

— J'ai connu ta maman il y a quelques années à Saint-Michel-en-Grève. Tu étais tout petit. Tu as bien changé, reprend-elle avec un bon rire.

Alexandre lui confirme :

— Oui, c'est bien Guillaume-Jean et François, mon deuxième garçon. Et comme on en a parlé hier, Guillaume voudrait travailler à la ferme.

— Tu sais faire quoi ? lui demande Fine.

— Tout, madame.

Alexandre sourit en entendant son neveu et se remémore sa première visite à la Fanchenn et le rire bon-enfant qu'avait déclenché le « Madame ».

Fine sourit également, mais le met à l'aise :

— Tu es poli en tout cas. Ce n'est pas toujours comme ça avec les saisonniers et les traîne-savates qui passent par ici. Tu sais soigner les bêtes ?

— Pour sûr que je sais, lui répond Guillaume. Je sais traire, soigner les plaies courantes, aider aux vêlages, choisir le temps du changement d'herbage. Pour les moutons, je sais aussi m'en occuper, mais je ne sais pas les tondre.

— Pour ça, on a le tondeur qui passe à la saison, explique Fine.

— Je sais prendre soin des volailles et des lapins.

— Et que sais-tu faire aux champs ?

— Je peux conduire les bœufs pour les labours, semer et faucher. Mais ce que je préfère, c'est m'occuper des bêtes, ajoute-t-il.

— Eh bien, tu m'as l'air de savoir de quoi tu parles. Maintenant, faut voir si tu es courageux, lui lance-t-elle, une lueur de malice dans les yeux.

— J'ai pas peur du travail ! réplique Guillaume, piqué au vif.

— Certes, si tu tiens de Gaëdig, je te fais confiance.

Sur ce, elle se lève et les invite à la suivre. Dehors, elle se dirige vers les étables qui se trouvent un peu à l'écart. Il n'y a pas si longtemps, le logis et les étables étaient contigus. Pierre avait construit les stalles un peu plus loin et transformé la construction d'origine en pièces supplémentaires.

— Les vaches et leurs veaux sont encore au foin à l'étable.

Cette année, on en a rentré une bonne quantité ; quelquefois, il faut acheter du goémon, mais le lait est moins bon et la viande aussi.

Elle s'approche des stalles : il y en a trois grandes, en bois avec un toit de planches, chacune ayant sa fonction. Dans la première sont parquées les vaches à viande ou les génisses qui n'ont pas encore été saillies. Dans la seconde, on trouve les vaches et leurs petits. Ce sont les plus nombreuses, car elles donnent aussi le lait. Et dans la dernière partie, sont alignés quelques bœufs qui partiront à l'abattoir.

Il n'y a pas un grand nombre de bêtes, mais bien organisé et propre, le cheptel a un bon rendement.

Ressortant de là, ils se dirigent derrière Fine, vers la basse-cour où picorent une bonne cinquantaine de poules et de poulets. La paille fraîche doit regorger d'œufs.

Il y a trois coqs fiers et dodus.

— Je vends mes volailles au marché de Pleurtuit, alors il faut toujours veiller à ce que les bêtes soient en bonne santé. Pareil pour les œufs : c'est du boulot ! Mes fils et ma fille m'aident au poulailler. Si l'on ne surveille pas les bêtes, on perd de l'argent, et sans argent on ne vit pas, ajoute Fine.

— C'est vrai, répond Guillaume. C'est du travail, mais j'aime ça.

— Bien ! c'est ce que j'aime entendre.

La Fine est ravie.

— J'ai aussi des oies et des cannes. Et des lapins. Tout ça, c'est pour le marché et les commandes. Dame, ma ferme est réputée !

Les trois hommes sont agréablement surpris de voir un endroit si bien entretenu. Le puits, à droite du logis, doit être curé dans l'année, leur explique Fine, et pour ça il faut de la main-d'œuvre.

Alexandre lui demande :

— Quand veux-tu qu'il commence ? Au moins pour essayer.

— Dès qu'il peut ! On est en mars, j'ai fini de préparer les semailles de maïs et de blé. On a un peu sorti les vaches pour les mettre au pâturage. Il a fait doux cette année et il y a beaucoup d'herbe dans certains prés. Mais avec les grosses pluies de la semaine dernière, on les rentre. Le père Kervadec a perdu deux veaux dans les glissements de boue. Si Guillaume est prêt, pour un essai, il est le bienvenu. S'il fait l'affaire, je le garde jusqu'à l'automne prochain. Ensuite, on voit ça.

— D'accord, rétorque le jeune homme, tout de suite si vous voulez !

— Tout doux, mon gars, lui dit Alexandre, on en parle à tes parents et on revient. Et se tournant vers Fine : on est mercredi. Disons dimanche prochain. Le temps d'aller à Ploubezre et d'en revenir. Sa mère sera d'accord, de toute façon, donc son père le sera également !

Sur ces paroles, ils quittent la ferme et s'en retournent vers Pleurtuit où ils passeront la nuit avant de prendre la malle-poste pour Ploubezre très tôt le lendemain.

Dame ! C'est qu'il y a bien 5 heures de route et il faut être de retour aux chantiers navals pour vérifier l'avancée des réparations et aller donner la réponse de Guillaume et Gaëdig à la Fine.

Arrivés à l'auberge où les attend un bon dîner qui les réchauffe – car il fait froid à la nuit tombée –, ils montent se coucher dans les deux pièces exiguës qui servent de chambres qu'Alexandre a retenues. Les deux cousins s'endorment aussitôt dans l'unique grand lit. Alexandre a le temps de fumer une pipe du tabac brun et rude qu'un de ses anciens compagnons lui a rapporté d'Amérique du Sud. Quand il n'en aura plus, il en achètera à Saint Enogat où plusieurs métayers ont développé des petites plantations qui leur rapportent pas mal d'argent. En fumant, il se perd dans ses pensées qui le ramènent plus de 25 ans en arrière, quand il présenta son premier mari à Gaëdig et tout ce qui s'en est suivi.

La pauvre n'a pas été aidée pour ses débuts dans sa vie de femme ; mais c'est le lot de presque toutes les femmes de marins que de se soumettre à leur volonté, et d'accepter de les partager avec la mer, cette maîtresse intraitable, les maisons closes et les tripots.

Elles ne peuvent rien faire d'autre que d'obéir une fois la bague au doigt. Et gare à celle qui se rebelle ! Sa sœur a eu le courage de tenir tête, et même s'il a eu du mal à digérer son infidélité, il a bien dû reconnaître qu'elle avait peu de choix : ou abandonner son enfant chez les sœurs ou chez les curés, ou partir avec lui sur les routes où ils auraient tous les deux fini dans la misère, ou bien – et c'est la décision qu'elle a prise – mentir et arranger la vérité pour garder son fils dans un semblant de respectabilité. Il s'est incliné devant tant de ténacité, car la petite fille sage et bien élevée était devenue une rebelle que rien n'aurait pu arrêter ! Et de toute façon, la faute aurait entaché l'honneur des Le Dret si la fautive avait été bannie.

Aujourd'hui, et depuis quelques années déjà, il a un œil sur Guillaume, le « fruit du péché », comme certains le surnomment encore dans son dos.

Le garçon ne sait rien de ses origines. Son père, c'est Guillaume Le Bescond, le mari de sa mère. Ce qui est vrai d'ailleurs et tout le monde l'appelle le fils Le Bescond. Mais tout ne s'est pas déroulé comme on le croit.

La fatigue arrivant, il range sa pipe et monte se coucher à son tour.

Le lendemain matin au lever du soleil, ils se retrouvent autour d'un bol de café fumant, mélangé à de la chicorée et du lait. Avant de se mettre en route, Alexandre range, dans sa musette, quelques tranches de pain beurrées et du lard bien enveloppés dans un torchon à carreaux qu'il rendra à la tenancière en revenant. Il prend également une chopine de cidre et de l'eau. Ils sortent dans l'air encore frais.

La malle-poste s'arrête au relais attenant à l'auberge où ils sont installés. Le postillon est déjà à l'œuvre, ayant déchargé son courrier et rangé les missives à distribuer dans la malle à l'arrière de la voiture.

Par chance, ils ne sont que tous les trois et peuvent ainsi prendre place à l'intérieur. Ils auraient pu attendre la diligence sur la place devant l'église. Plus spacieuse et plus confortable, elle a quand même l'inconvénient d'être plus lente. La malle-poste peut couvrir les parties de route praticables plus rapidement puisqu'elle seule possède « le privilège du galop ».

Et trois gaillards comme eux peuvent bien supporter quelques heures, secoués comme dans un panier à salade, nom communément donné à ce véhicule.

Il ne fait pas encore jour et le paysage qui défile derrière les fenêtres mal jointes, semble dissout dans la pénombre. On devine çà et là des lueurs qui doivent être des chandelles allumées dans la salle commune d'une ferme. Quelques panaches de fumée s'élèvent dans le ciel qui commence à claircir.

Le temps est sec aussi aujourd'hui, ce qui leur évitera les ornières et les flaques de boue après les pluies des semaines précédentes. Alexandre somnole malgré les cahots et les soubresauts et les deux garçons sortent leurs dés et leurs gobelets pour ne pas s'ennuyer. Mais au bout de deux heures, ils sombrent eux aussi dans un sommeil léger et secoué.

Réveillés en sursaut par Alexandre qui les regardaient dormir, les cheveux ébouriffés et les yeux encore ensommeillés, ils jettent un œil dehors.

Il fait jour et quelques nuages obscurcissent quelque peu le ciel. La voiture s'arrête. Guillaume ne reconnaît pas la place de Ploubezre. Après trois heures de route, ils sont arrivés à Saint-Brieuc, à l'un des plus importants relais de poste de la région. Ils resteront environ une demi-heure, le temps de changer de chevaux, de déposer et reprendre le courrier. Ils en profitent pour se dégourdir les jambes, manger ce qu'Alexandre a emporté et surtout aller se soulager derrière la grange à foin. Il leur faudra encore deux heures à deux heures et demie pour arriver à destination, alors, ils prennent leurs précautions.

En attendant, assis dans la salle du relais où on leur sert de la soupe et du café au lait, ils se réchauffent auprès de l'âtre. Alexandre sort ses provisions et distribue les tranches de pain beurré et le lard. Les deux cousins ne se font pas prier. À leur âge, il ne faut pas leur en promettre !

Une fois leur repas terminé, ils sortent se dégourdir les jambes. Ils n'ont pas l'habitude de voir tant d'agitation : il y a des chevaux partout. Des bêtes qui ont déjà couru, dont s'occupent les palefreniers et des frais déjà prêts à repartir. Des voitures, rangées dans la cour, attendent leurs passagers et le courrier. Des charrons ou des menuisiers inspectent rapidement celles qui viennent d'arriver. Les conducteurs des voitures déjà attelées échangent des nouvelles de leurs pays, d'autres vont chercher leurs clients afin de repartir au plus vite. C'est une véritable ruche qui s'active dans ce relais.

Leur malle-poste doit être prête à reprendre le chemin de Ploubezre et les trois hommes se dirigent vers elle. Ils aperçoivent un personnage à l'air revêche qui attend près de la portière.

Alexandre le salue :

— Bonjour, compère, vous faites route avec nous ?

— 'Jour ! répond l'autre d'un ton peu engageant.

Il semble âgé d'une trentaine d'années, il est sale et l'odeur qui s'en dégage ne vient pas contredire ce qu'ils n'avaient que pressenti.

— C'est vous qu'allez à Ploubezre ? reprend-il. Alors, oui, on fait route ensemble. Par contre, je monte dedans et comme il n'y a que trois places, y'en a un de vous autres qui monte avec le cocher.

Alexandre hausse le sourcil devant pareille grossièreté, car même s'il a navigué avec des gars pas toujours bien élevés et quelquefois de vraies brutes, il n'a pas l'habitude de se laisser traiter de la sorte par un freluquet de cet acabit.

— Tu as quel âge, mon gars ? lui demande-t-il.

— 25 ans, répond l'odieux personnage. En quoi ça vous intéresse ?

— Parce que tu as encore l'âge de voyager dehors. Et avec ce que tu trimballes comme odeur tu vas nous empester l'intérieur de la voiture. Car vois-tu, on n'est peut-être pas frais comme des roses, mais on sait se tenir et on a appris un peu de politesse.

Là-dessus, il avise le conducteur :

— Nous pouvons reprendre nos places à l'intérieur ?

— Pour sûr ! répond l'homme. Si c'est cet individu qui veut vous faire croire le contraire, faites pas attention ! Je lui ai déjà dit que s'il voulait venir, il devait s'asseoir à mon côté ou bien attendre la diligence. Et je ne suis pas sûr que les voyageurs qui doivent s'y trouver apprécient le phénomène.

— Alors on est d'accord, renchérit Alexandre. Monsieur peut s'installer à côté de vous et nous, on s'assied dedans.

Le sinistre individu grommelle dans sa barbe un moment et finit par monter sur le siège du postillon. Ce dernier, faisant un clin d'œil aux deux cousins, leur fait signe de monter. Ils sont prêts à reprendre la route. Les nuages se sont un peu dispersés, mais il souffle un petit vent frais et humide qu'ils sont bien heureux de ne pas supporter à l'extérieur.

Le cocher leur a confirmé qu'ils seraient à Ploubezre au mieux dans deux heures, alors autant s'installer le plus confortablement possible. Et tant pis pour le sale type. Un des deux gars aurait pu voyager dehors, mais il a récolté ce que son arrogance lui a rapporté.

Pour couronner le tout, il se met à tomber un petit crachin bien breton, froid et tenace. Avec la vitesse de la voiture, il va être à la noce, le bougre ! Ça le lavera un peu en surface, pense Alexandre avant de se rencogner pour dormir, emmitouflé dans son caban.

Les deux cousins en font autant et tout le monde est réveillé par le brusque arrêt du véhicule. Alexandre scrute l'extérieur, regarde le ciel où le soleil, caché par les nuages, ne peut pas lui indiquer vraiment l'heure qu'il est. Et autour, il n'y a que des champs et des arbres. Il sort de la malle-poste en intimant l'ordre aux jeunes hommes de rester dedans. Il se dirige vers l'avant et voit le cocher devant les chevaux :

— Que se passe-t-il ? lui demande-t-il.

— Un arbre en travers, et on n'est qu'à quelques lieues de Ploubezre. L'autre coquin malotru en a profité pour se carapater ! Si je le retrouve celui-là, je lui fais bouffer son chapeau crasseux ! Déjà qu'il n'a pas cessé de rouspéter et de maugréer depuis Saint-Brieuc. J'en avais le tournis.

— Il n'a pas l'air trop gros, cet arbre, reprend Alexandre. À nous quatre, on va le pousser. Hardis les gars ! crie-t-il aux deux jeunes gens qui regardent le spectacle depuis le marchepied. Défaites-vous de vos cabans et retroussez vos manches.

Ils ne se font pas prier et une fois leurs gros vêtements posés dans la voiture, ils se dirigent tous vers l'arbre gêneur.

— Il va falloir le traîner en tirant sur les branches du haut pour le pousser le long du talus.

Et chacun empoigne une branche et tire à soi. Mais le tronc encore attaché à la terre par de solides racines ne bouge pas assez pour laisser le passage au véhicule.

— Il faut détacher les deux chevaux de tête et attacher la corde en haut du tronc, dit le cocher.

Aussitôt dit, aussitôt fait. Détachant les deux chevaux, il les positionne de façon à ce qu'ils tournent le dos à l'arbre, passe la longe entre eux et la fixe à l'attelage. Donnant de la voix, il accompagne ses deux bêtes et l'arbre commence à se déplacer. Les racines s'arrachent en grinçant et en projetant la terre qui les retient. Alexandre, Guillaume et François, de leur côté, tirent également pour accélérer le mouvement. Après quelques minutes d'efforts, l'arbre se retrouve parallèle à la route et celle-ci se trouve dégagée.

— Merci, les gars. Sans vous j'y serais encore leur dit le postillon. Quand je pense à ce sale type qui nous a plantés là ! Ah, si je le retrouve, il prend mon pied au cul ! Dame, oui !

Alexandre et les deux jeunes gens se mettent à rire un bon coup et se promettent d'infliger le même châtiment au gougnafier s'il passe à leur portée.

Après s'être rhabillés et avoir bu une lampée de cidre, ils reprennent leurs places et le trajet continue. Ils ne sont qu'à un quart d'heure de Ploubezre et ensuite il ne leur faudra pas plus de 5 minutes pour se rendre chez Gaëdig.

Enfin arrivés à destination, ils se séparent, le cocher rejoignant son relais, les trois compères partant à pied de leur côté.

Alexandre aperçoit la maison de sa sœur et la fumée qui s'échappe de la cheminée. Il est bientôt l'heure de manger, le soleil, si pâle soit il est déjà haut dans le ciel. Il se dirige vers la porte et frappe un bon coup :

— Il y a quelqu'un ? fait-il d'une grosse voix.

La porte s'ouvre subitement et Gaëdig apparaît. D'abord un peu en colère d'être surprise en pleine préparation du repas alors qu'elle n'attend personne, puis stupéfaite pour finir par sauter au cou de son frère.

— Alexandre ! crie-t-elle. Comme je suis contente de te voir.

— Petite sœur, tu ne changeras jamais ! répond Alexandre en essayant de détacher les bras de Gaëdig de son cou.

— Que se passe-t-il ? demande celle-ci en se ressaisissant, soudain inquiète.

— On peut entrer, non ? rétorque Alexandre en la laissant entrevoir les deux jeunes gens qui se tiennent à l'écart

— Mon Guillaume, s'écrie Gaëdig en le serrant fort dans ses bras. Et François ! Entrez, entrez. Va chercher papa, dit-elle à Jeanne-Françoise que son oncle n'avait pas reconnue.

— Elle est grande ta fille et bien jolie. Elle a quel âge ?

— Elle va sur douze ans, répond Gaëdig.

— Ton portrait craché quand tu avais son âge, dit-il en souriant.

À peine installés autour de la grande table, ils voient Guillaume le sabotier arriver avec sa fille.

— Alexandre ! s'écrie-t-il à son tour en embrassant son beau-frère. Comment vas-tu ?

— Je vais bien et toi ? répond Alexandre.

— Ça va, ça va !

Voyant les deux garçons, Guillaume s'avance vers eux et sert son fils dans ses bras puis François. Ils prennent place autour de la table et Alexandre prend la parole :

— Voilà ce qui m'amène. Votre Guillaume m'a bien servi à bord et c'est un bon gars. Mais il y a un petit problème en ce qui concerne son avenir. Il ne veut pas devenir marin !

Guillaume-Jean, un peu gêné, baisse la tête. Gaëdig et son époux attendent la suite, ne sachant que dire.

— Dernièrement, après le naufrage d'une péniche auquel on a assisté et au cours duquel on n'a pas réussi à sauver tous les gars tombés à l'eau, votre Guillaume a décidé de ne pas continuer dans cette voie. J'ai alors pensé à demander à la Fine de La Boussarde si elle était prête à l'embaucher comme garçon de ferme.

— Avant toute chose, voulez-vous partager notre repas ? demande Guillaume.

— Certes, répond Alexandre, c'est pas de refus.

Gaëdig et ses filles, Marie-Perrine – 14 ans – les ayant rejoints, mettent les assiettes sur la table et Guillaume coupe de larges tranches de pain qu'ils posent au fond de leurs bols que les femmes remplissent de soupe. Ils attendent d'avoir fini pour reprendre la conversation.

— Tu te souviens de Joséphine Legobien, la femme de mon ami Pierre Daniel ? demande Alexandre à sa sœur.

— Oui, bien sûr. Une brave femme. Mais elle est veuve, non ? Ton ami est décédé depuis un bout de temps. Elle n'est pas remariée ?

— Non, elle gère sa ferme et élève ses trois enfants. Le fils issu de son premier mariage navigue déjà, et les autres lui donnent un coup de main en plus d'aller à l'école. Mais ils sont jeunes et les journaliers se font de plus en plus rares. Ils préfèrent tenter leur chance à Terre-Neuve ou au long cours.

Gaëdig se souvient des histoires que lui racontait son frère de retour de voyage et de la peur qui la saisissait quand il partait.

Et aussi de l'école où elle n'est pas allée régulièrement. Elle n'a que le souvenir de s'y être ennuyée ferme. Elle n'a rien retenu des leçons de monsieur le recteur. À part le Notre Père et l'Ave Maria, elle ne se souvient de rien. À l'école ! Quelle idée ! À quoi ça peut bien servir de savoir déchiffrer un livre ? Elle n'a pas les moyens d'en acheter et pour ce qui est d'écrire, si elle en avait besoin, elle demanderait à qui sait le faire !

— Elle est courageuse. Et pour mon Guillaume ?

— Elle voudrait le prendre à l'essai. On l'a rencontrée hier et elle a eu l'air d'apprécier votre fils ! répond Alexandre souriant devant la fierté affichée par les deux parents.

— Je veux bien le laisser partir si vous êtes d'accord. Mais bien sûr si vous voulez qu'il soit marin, alors je comprendrais, lance-t-il, un brin de malice dans le regard.

— Non ! répondent en cœur les parents du jeune homme

— Ha ha ! se met à rire Alexandre. Je l'aurais deviné !

Le jeune Guillaume-Jean est rassuré. Il sait d'ores et déjà qu'il ne quittera plus la terre ferme pour gagner sa vie. Il est sûr de ne jamais être marin ! Il restera à la ferme, il gardera les vaches, il labourera, mais il ne naviguera pas.

Il se fait tard et le soleil commence à décliner. En cette fin d'hiver, la nuit tombe tôt et partir sur les routes, même en malle-poste, est risqué.

Alexandre demande à sa sœur s'ils peuvent rester jusqu'au lendemain matin. Gaëdig le regarde, gênée et lui dit, confuse :

— Oh, je suis désolée, mais on n'a plus vraiment de place ici. On n'a pas encore arrangé le grenier !

Un peu interloqué par un tel refus de la part de Gaëdig, d'habitude toujours tellement heureuse de le voir et de le garder près d'elle, il répond :

— Eh bien, on va aller à l'auberge à la sortie du bourg et demain matin on sera tout près du relais de poste.

— Mais non, bêta, lui rétorque-t-elle dans un fou rire, vous pouvez rester tant que vous voulez. Moi aussi, je peux te faire des farces ! On va se tasser un peu avec les filles et vous dormirez au premier étage. Il y fait bon.

Alexandre comprend le juste retour de bâton.

— Tu m'as bien eu ! lui dit-il. Je ne suis pas le seul à blaguer dans la famille, donc.

Guillaume le sabotier se lève en déclarant :

— Il faut que je retourne à l'atelier. J'ai des commandes à honorer pour demain.

Gaëdig et ses filles débarrassent la table et lavent les écuelles et les gobelets. Les deux jeunes hommes en profitent pour accompagner Guillaume et faire une balade dans le coin.

Alexandre sort sur le pas de la porte pour fumer sa pipe. Le tabac fort et piquant embaume l'air frais de cette fin d'après-midi. Gaëdig le rejoint, son fuseau à la main, un châle sur les épaules. Ils s'asseyent sur le banc en bois, côte à côte.

— Alors, dis-moi Gaëdig, comment ça va par ici ? Ton homme a toujours de la besogne ?

— Ça peut aller. Mais il n'y en a pas autant qu'avant. Avec la nouvelle mode des chaussures en cuir ou en tissu lancée par les Anglais ou les Parisiens, je ne sais plus, et bien les sabots n'ont plus l'heur de plaire. Il fabrique des semelles pour un cordonnier de Lannion, reprend-elle avec un frisson, se remémorant l'affront subi au tribunal de cette ville des années plus tôt[1].

Il crée aussi quelques petits meubles. Et moi je file toujours, même si ces Anglais font venir de plus en plus leurs tissus directement d'Angleterre. On s'en sort bien. Et Marie Perrine prendra 14 ans à la fin du mois. Elle pourra bientôt trouver de l'ouvrage ou une place. Jeanne-Françoise, qu'on surnomme Fanchette n'a que 11 ans, bientôt 12, mais elle m'aide bien aussi ici. Les deux garçons, Yves et Joseph ont 10 ans et 6 ans. Ils aident leur père, même si Joseph – celui que j'appelle Noël – n'est pas très patient. Il fait les pires bêtises. Il promet ! La petite dernière, Jeanne-Marie est toujours malade. Elle n'a que 4 ans et passe son temps au chaud. Je tremble de la perdre comme ma petite Hyacinthe, la jumelle de Marie Perrine qui est partie à 3 ans. Mais malgré tout ça, tout va pour le mieux.

— Content de voir que tu es heureuse, ma petite Marguerite, répond Alexandre.

— Et toi, comment ça va chez toi ? Ton François a bien grandi. Et ton aîné, Alexandre ? Il est toujours marin ?

— Pour sûr qu'il est marin. Il ne sait rien faire d'autre ! répond Alexandre en riant. Blague à part, il est parti faire son service militaire dans la marine et devrait être libéré l'année prochaine. Il a 25 ans et c'est un bon marin. On le voit de temps en temps quand il relâche à

---

[1] Voir *Gaëdig ou l'héritage du nom* de la même auteure

Brest ou à Saint-Malo et il a passé une fois sa permission à nous aider sur la Rance. Par chance, il n'est pas parti en Chine ni en Russie. La frégate sur laquelle il sert surveille les côtes françaises de la Manche à la Méditerranée. Il veut faire du commerce avec son frère et moi, en part à trois. En attendant, j'ai des demandes de plusieurs petits gars qui ont envie de tâter au métier de marin, mais pas partir trop loin.

— Ils ont l'air de bien s'entendre, François et Guillaume. Ça lui fait quel âge à François ?

— Il prendra 20 ans en juillet. Et dans moins d'un an, il doit partir aussi faire son armée, si le tirage au sort le désigne. J'aurai juste une année sans un des deux à mes côtés et ensuite, on développe notre commerce. J'ai passé mon brevet de pilote, ainsi mes fils pourront naviguer avec moi sans aide extérieure. Et François veut aussi devenir pilote après l'armée.

— Comment peux-tu apprendre et retenir tant de choses ? s'extasie Gaëdig. Moi je m'ennuyais tellement chez le recteur !

— Je ne sais pas, Marguerite. Quelquefois, ça ne veut pas rester dans mon crâne dur de Breton, alors je dois répéter et répéter jusqu'à ne plus avoir que ça en tête.

Il sourit devant l'air admiratif de sa sœur et reprend :

— Dis-moi, ton Guillaume, il est courageux, hein ? Je me suis avancé auprès de Fine. Je sais qu'il fait le travail qu'on lui demande sur un bateau, mais de lui-même, à terre, il travaille ?

— Dame, oui il est courageux. Mais il aime être seul. Il ne rechigne pas à la tâche, il est gentil et pas bagarreur, mais c'est un solitaire, répond-elle.

— D'accord, lui dit Alexandre soulagé. Sur ces bonnes paroles, je crois que je vais aller me coucher. Demain matin, la malle-poste part au lever du soleil et je dois passer voir Fine et aussi surveiller les réparations de mon chaland de Rance.

— Appelle les garçons et allez donc vous reposer. Moi, j'ai encore quelques corvées à terminer et Guillaume ne va pas tarder à rentrer. Je vous verrai demain matin pour le déjeuner.

Sur ce, Alexandre se dirige vers la placette où se trouve l'atelier du sabotier, et appelle les deux compères assis sur une souche :

— On se couche les gars, demain on part très tôt. Et se dirigeant vers l'atelier, il hèle son beau-frère : Guillaume, je te souhaite la bonne nuit et te dis à demain matin.

— Bonne nuit à toi, Alexandre, répond ce dernier

— Merci de t'occuper si bien de ma Gaëdig, lui dit Alexandre avant de repartir vers la maison.

Les trois hommes se répartissent les couches : Alexandre dans une toute petite pièce qui sert de chambre aux filles et les deux jeunes dans la soupente que l'une d'elles a balayée et dans laquelle elle a étalé un matelas et des duvets. Tous s'endorment sans demander leur reste.

Le lendemain, le coq n'a même pas eu le temps de les tirer du lit. Ils sont tous les trois sortis dans la nuit froide, mais sèche pour faire une petite toilette dans l'abreuvoir. Gaëdig et Guillaume les attendent dans la salle principale où ronronne un bon feu dans la grande cheminée. Du café est prêt sur le poêle à bois et de la soupe de la veille est tenue au chaud dans l'âtre.

Ils se partagent un gros pain blanc qu'ils coupent dans leurs bols de soupe et finissent par un café fort.

Gaëdig leur a préparé un baluchon rempli de pain, de fromage, de jambon et d'une bouteille de cidre bouché.

— Pour la route, leur dit-elle, une petite larme au coin de l'œil ? Dame ! Ce n'est pas tous les jours qu'elle voit son frère, son neveu et son fils aîné en même temps.

— Merci sœurette. La route nous paraîtra moins longue jusqu'à Pleurtuit. Même si l'on s'arrête à Saint-Brieuc. D'ailleurs, je pense que c'est là qu'on mangera un morceau. Et j'espère qu'on ne reverra pas de saleté de type dans le genre de celui qu'on a eu à l'aller !

Et après être allés se soulager dans la cabane – lieu d'aisance dont Gaëdig est très fière –, ils rejoignent le bourg où stationne déjà la voiture attelée. Le postillon est le même qu'à l'aller. Il est content de les retrouver et les accueille avec le sourire.

— Salut compères ! Alors, on est prêts à renouveler l'aventure ? Sans le goret d'hier évidemment.

Alexandre et les deux jeunes hommes rient de cette sortie :

— Pour sûr qu'on est prêts ! rétorque François. Et lui, on l'attend de pied ferme !

Et tous les quatre de rire en cœur.

— J'espère bien qu'il ne va pas se ramener de sitôt, rétorque le conducteur en montant sur le siège et en attrapant les rênes. Allez, on y va !

Comme la veille, ils ne sont que trois, au moins jusqu'à l'arrêt de Saint-Brieuc. Le temps est maussade, mais il ne pleut pas. Alexandre demande à Guillaume :

— Alors, que penses-tu de travailler à la ferme ? Tu ne vas pas regretter la navigation sur la Rance ?

— Non, l'oncle. Je préfère « le plancher des vaches » comme vous le dites si bien, vous, les marins.

Son destin est tracé. Pour lui, il ne peut en être autrement.

La route se passe sans encombre jusqu'à Saint-Brieuc où ils s'arrêtent pour changer de chevaux et manger ce que Gaëdig leur a préparé. Il en va de même jusqu'à Pleurtuit. Rien ni personne n'est venu ralentir leur course et ils arrivent alors que dix heures sonnent au clocher de la petite chapelle dédiée à Saint Antoine au cochon. Ce saint homme, dit-on, né et mort en Égypte, a une très grande influence sur la vie et les activités locales.

— Je dois d'abord passer au chantier naval voir où en sont les réparations. Allez à l'auberge où nous avons laissé notre bagage et attendez-moi. Je n'en ai pas pour longtemps.

Ils se séparent sur la place de l'église et disent au revoir au postillon. Arrivés à l'auberge, les deux jeunes gens s'installent dans la grande salle bien chauffée, quoiqu'un peu enfumée, et commandent de la chicorée dans du lait. Arrivée sur les tables par le nord de la France quand le café se faisait rare à cause du blocus imposé aux bateaux anglais par Napoléon, cette boisson leur paraît moins amère et plus douce. Ils se partagent les dernières tartines beurrées et attendent en somnolant près de l'âtre.

Ouvrant brusquement la porte, un homme entre dans la salle et va directement s'installer au bout de la grande table, à l'écart des deux jeunes. La tenancière, Yvonne, furieuse de l'attitude du bougre qui n'a pas daigné refermer la porte derrière lui, lui demande d'un ton peu amène ce qu'il veut.

— Un pichet de vin et de quoi manger ! rétorque le malotru.

— Un « s'il vous plaît » t'écorcherait ? lui demande la patronne, une femme courtaude aux mains comme des battoirs et aux joues rougies par le travail en cuisine.

— T'es là pour me servir, pas pour faire la conversation ! répond l'effronté

Guillaume et François, interloqués, échangent un regard, se retournent et restent bouche bée. Le bonhomme est celui-là même qui les a ennuyés dans la voiture. Il a toujours l'air aussi sale. Mais comment est-il arrivé si vite ici, à Pleurtuit ? La diligence de nuit devait être vide.

Les deux compères se regardent d'un air entendu, se lèvent et quittent la salle discrètement. Passant derrière le grossier personnage, ils sentent son odeur effroyable.

Une fois dehors, ils se dirigent vers la sortie du village en direction de la Richardais où Alexandre s'est rendu. D'ailleurs, ils l'aperçoivent au bout du chemin. Hilares, les jeunes gens se précipitent vers lui, et, parlant en même temps, tentent d'expliquer ce qui se passe à l'auberge. Alexandre les arrête d'un geste :

— Stop, mes gaillards ! Comme vous y allez ! Vous parlez ensemble et si fort que je n'y comprends rien. François, dis-moi ce qu'il se passe.

— Eh bien, nous t'attendions dans la grande salle quand un type est arrivé. Impoli et peu discret.

— Bon ! jusque-là, je te suis, réplique son père.

— Et le gars a demandé à boire et à manger à la tenancière, reprend Guillaume. Mais sur un ton qui ne lui a pas plu du tout, à Yvonne.

— Et alors ? s'inquiète Alexandre. Il a cassé quelque chose ? Il a frappé ou volé ?

— Non ! répondent en chœur les cousins.

— L'Yvonne l'a repris bien vertement.

— Mais alors, quoi ? Qu'y a-t-il de si extraordinaire pour que vous veniez à ma rencontre ?

— Mon oncle, lui dit Guillaume, si je dis qu'il pue et qu'il est très impoli, est-ce que ça te rappelle quelqu'un ?

Alexandre reste bouche bée avant de demander :

— Le sale type d'hier ? Celui de la malle-poste ?

— Oui !

— Ah, alors on va essayer de rire un peu. Je dois retrouver devant l'église, deux vieux amis marins et leurs fils qui veulent apprendre la navigation sur la Rance avant de partir ailleurs. Allons ensemble au rendez-vous.

Et d'un bon pas, ils se dirigent vers le lieu où doivent se trouver les quatre hommes. Ils sont déjà là. Lorsqu'ils voient Alexandre arriver, ils le hèlent de bonne humeur. Après les poignées de mains et les salutations, Alexandre leur explique la situation en leur narrant les épisodes désagréables sur la route la veille.

— Cet odieux personnage est en train d'enquiquiner l'Yvonne. Je sais qu'elle ne s'en laisse pas conter, mais on devrait peut-être lui donner une leçon au bonhomme. Rien que pour les désagréments d'hier !

— Allons-y !

Ils ne se font pas prier. En chemin, ils échafaudent un plan. Les deux cousins et les deux jeunes garçons vont le ridiculiser dans la salle afin de le faire sortir et les trois hommes vont l'attendre dehors.

Guillaume, François, Yves et Ian entrent dans la salle où le gars est attablé devant son écuelle de lard et de pommes de terre. François se dirige vers Yvonne et lui demande discrètement :

— Il a payé son manger, le gus ?

— Oh oui ! Pour sûr que je le laisserais pas manger avant qu'il ait étalé ses sous, le bougre. Pourquoi tu me demandes ça ?

— Vous allez bientôt le savoir, Yvonne. Regardez bien dehors quand nous serons sortis.

Sur ce, les quatre compères se campent de chaque côté du puant personnage et Guillaume le salue :

— Tiens, tiens. Bien le bonjour Monsieur de La Crasse !

— Quoi ? qu'est-ce que c'est ? rétorque l'homme d'un air mauvais.

— Vous ne nous remettez pas, l'ami ? reprend François.

— Non ! Foutez-moi le camp avant que je vous botte le train !

— Il faudrait nous attraper avant, mon bonhomme ! ricane Guillaume et c'est pas gagné avec les tonnes de crasse que vous trimballez.

Et les quatre jeunes gens de grogner comme les cochons.

— Ça pue comme dans une porcherie ! reprend Guillaume.

L'autre voit rouge et se lève d'un bond. Sur leurs gardes, les quatre gars se précipitent en riant vers la porte et sortent dans la cour. Yvonne n'en a pas perdu une miette, déjà amusée par la tournure que prend le spectacle.

Le malodorant personnage, visiblement pas très futé, se met à courir après Guillaume et ses copains. Arrivé dehors, il les regarde s'éparpiller dans la cour et hésite avant de choisir lequel il va choper en premier. Mais il n'en a pas le temps. Alexandre et les deux autres lui tombent sur le dos et le traînent vers l'abreuvoir rempli d'une eau bien fraîche.

— Alors, on fait moins le fier, monsieur le crasseux, s'exclame Alexandre. On veut nous mettre hors de la malle-poste, on se défile à toutes jambes quand on a besoin d'aide et l'on maltraite une honnête tenancière qui te sert à manger ! Où te crois-tu, manant ? On va te faire connaître le goût de l'eau et ensuite tu déguerpis de notre coin.

Bien sûr, ils n'attendent pas son accord. Ils le soulèvent pendant qu'il beugle à tue-tête et le jettent dans l'eau glacée devant les regards ébahis et les mines réjouies des passants.

— Voilà qui t'apprendra à respecter les honnêtes gens et à te laver un peu plus que d'ordinaire. Le bonjour !

Guillaume, François et les autres sont hilares ! Guillaume apprécie la farce et se dit qu'il n'hésiterait pas à recommencer si nécessaire.

Le pauvre type, tout mouillé et grelottant, sort de l'abreuvoir et court se réfugier dans la grange, où pour son malheur il n'y a que du goémon à cette époque de l'année. Il leur montre le poing et les maudit de loin. Alexandre et ses acolytes faisant semblant d'avancer vers lui, il se carapate le plus vite qu'il peut.

— Allez, mes amis, entrons au chaud manger un morceau et parlons affaires, lance Alexandre.

Et ils s'installent tous dans la grande salle redevenue accueillante et calme.

— Je vous offre une chopine de vin de Loire pour m'avoir aidée à me débarrasser de ce vaurien. Il y a de plus en plus de gueux de ce genre qui viennent avec trois sous jouer les princes et boire leur salaire. S'ils le faisaient plaisamment encore, ce serait un moindre mal. Moi je me moque bien de savoir ce qu'ils font de leur argent tant qu'ils me paient, me respectent et n'ennuient pas mes autres clients. J'ai déjà eu des bagarres, mais on commence à vieillir et c'est de moins en moins facile de les mettre dehors. Mon fils est parti pour Terre-Neuve comme beaucoup et je n'ai que mes filles en cuisine !

— Merci, Yvonne, pour le vin blanc de Nantes. Je le connais bien. Pour sûr, c'est moi qui le transporte !

Les compagnons s'asseyent autour d'une longue table dans un coin. Yvonne, accompagnée d'une de ses filles, leur apporte des gobelets et deux bouteilles.

— Vous mangerez quelque chose, je suppose ? Ce soir, j'ai de la soupe de pois et de la palette de porc au chou et aux pommes de terre.

Tous approuvent et les deux plus jeunes demandent du cidre, n'étant pas encore habitués au vin.

— Bon, Mathurin et Jean-Yves, je vous présente mon fils François et mon neveu Guillaume, dit Alexandre. Vous voulez faire naviguer vos deux fils que voilà sur la Rance pour leur donner un peu d'expérience de la navigation ?

Les deux pères acquiescent et les deux plus jeunes rougissent en se regardant en coin d'un air un peu nigaud.

— Guillaume s'est fait embaucher dans une ferme pas loin d'ici et François partira peut-être à l'armée d'ici un an. J'ai du travail pour vous deux en tant qu'apprentis sous mes ordres et ceux de François. 2 francs par mois. Je les nourris et les loge à bord ou à terre quand on ne peut pas faire autrement. Ils peuvent donner un coup de main au chargement, au déchargement, ou au ramassage du goémon et ils gardent leurs pourboires.

— Ça a l'air correct, répond Mathurin. T'en penses quoi, Jean-Yves ?

— Ma foi, oui. C'est tout bon. Topons-là ! réplique ce dernier.

Et les trois adultes se tapent dans la main à tour de rôle. Pour engager les deux enfants qui ont tout juste 12 ans, pas besoin de contrat. Un accord verbal suffit. On ne revient pas sur une parole donnée ! Et les deux petits n'ont pas leur mot à dire. D'ailleurs, ils sont tout fiers d'être acceptés par Alexandre Le Dret ! Dame ! C'est un monsieur. Pas des plus riches, mais quand même ! et très respecté. Il a fait Terre-Neuve et plein de pays lointains, et il est propriétaire de son chaland qui navigue aussi au cabotage à la belle saison.

Satisfaits, ils trinquent et entament la soupe de pois chaude et épaisse, agrémentée de l'incontournable tranche de pain.

Plusieurs hommes qui entrent dans la salle viennent leur serrer la main et leur taper sur l'épaule en riant de l'aventure qui a déjà circulé alentour. Des traîne-savates de cet acabit il en passe toutes les semaines, et ils ne sont pas toujours accueillis comme ça.

Une fois leur dîner terminé, les compères se séparent. Mathurin et Jean-Yves repartent avec leurs fils après s'être entendus sur la date d'embarquement des deux jeunes avec Alexandre. Celui-ci sort sur le pas de la porte pour fumer une pipe pendant que les cousins montent se coucher. Il aime bien fumer dehors après manger. Ça lui rappelle ses voyages au long cours, sa première pipe fumée en regardant les étoiles sur le pont d'un bateau, et aussi en toussant et en rendant tripes et boyaux par-dessus bord.

Guillaume-Jean peine à trouver le sommeil. Il sait que sa vie va changer. Il n'a pas encore idée à quel point…

Deuxième partie
Des ancêtres nobles, à la boussarde ?

Alexandre réveille les deux jeunes qui dorment à poings fermés. Il n'est pas tard et La Boussarde n'est qu'à quelques lieues de là, mais il a encore des choses à faire au chantier naval et des clients à rencontrer, désireux de passer contrat pour les prochains mois.

Arrivés chez Fine, ils l'aperçoivent déjà à l'ouvrage. Elle charge sur la charrette des paniers pleins d'œufs et de légumes, et des cages avec des lapins, deux oies et des poules.

— Bonjour messieurs, leur lance-t-elle en les voyant. Je m'apprête à aller jusqu'à la ferme de La Gallais pour livrer ce que vous voyez là. Je ne vends pas directement ce matin. La Dame de Montmarin y envoie son « *intendant* » qui repart avec les produits qu'il a commandés dans plusieurs fermes. Une seule n'y suffirait pas quand ils reçoivent. Moi, ça me convient très bien.

— On peut t'accompagner ? demande Alexandre.

— Bien sûr. On en a pour trois quarts d'heure, une heure tout au plus. Et ça me fera un peu de compagnie.

Ils se mettent en route, un vieux cheval de trait tirant la charrette.

Guillaume se met aussitôt devant et tient la muserolle de l'animal pour le guider.

Fine et Alexandre se regardent et sourient. Ils comprennent ce que Guillaume voulait dire quand il a affirmé vouloir rester à terre et s'occuper des animaux.

Arrivés à La Gallais, ils s'arrêtent dans la cour de la ferme pour décharger les cages et les paniers. Un grand dadais bien mis et hautain les rejoint.

— Bonjour, madame Legobien. Vous êtes bien accompagnée ce matin. Alors, que nous avez-vous apporté ? lui dit-il sur un ton quelque peu ampoulé.

— Dame, toute la commande que vous m'avez passée la semaine dernière. Six douzaines d'œufs de poule, deux douzaines d'œufs de cannes, 3 lapins, 3 poulets, deux oies, un sac de pommes de terre et des choux verts, des carottes et quelques oignons rouges. Deux livres de beurre et du lait de la traite de ce matin. Trois bidons de 5 litres.

— Parfait. Si tout le monde pouvait être aussi précis que vous, ce serait plus simple. Avec tout ce beau monde qui arrive pour l'anniversaire de madame ! je vous paie votre dû tout de suite, comme convenu. 22 francs, c'est ça ?

— 25 francs.

— Exact ! Où ai-je la tête ?

— Dans ton escarcelle, mon gredin, pense Fine qui a l'habitude des tentatives de ces messieurs de ne pas la payer correctement pour se garder un petit pourboire. Ce n'est pas bien grave, je connais mes prix.

Après avoir recompté ses sous et repris ses paniers et ses bidons, ils repartent vers La Boussarde.

— Tu vois, Alexandre, si je n'y prends pas garde, il essaie toujours de m'avoir de deux ou trois francs. Et si je laisse faire, dans moins d'un an, je quitte ma ferme.

Les autres fermiers, souvent des vieillards et de jeunes aides, arrivent les uns derrière les autres pour livrer leur cargaison de pommes de terre ou d'endives.

Fine explique :

— Ceux-là sèment en grande quantité, mais ont peu de choix. Moi je ne peux pas. Du moins pas sans aide. Trop de contraintes et les champs sont éloignés de la ferme. Et puis, j'ai aussi des clients à contenter au marché de Pleurtuit.

Elle regarde Guillaume qui n'a rien raté de la transaction :

— Avec l'aide de Guillaume, peut-être arriverai-je à étendre mes cultures et à les vendre aussi.

Celui-ci sourit, simplement, par connivence. De retour à la ferme, il dételle le cheval et le libère dans le pré après l'avoir bouchonné avec une poignée de paille pour qu'il ne prenne pas froid. C'est une vieille bête, plus fragile que les autres animaux, mais qui rend bien service.

Ensuite, ils se retrouvent tous dans la salle commune autour d'un café au lait et des tartines beurrées.

— Où sont tes enfants ? demande Alexandre.

— Déjà partis chez le maître d'école pour Pierre et à l'ouvroir pour Joséphine, qui emmène le plus jeune quand je ne peux pas le surveiller, comme ce matin. Ils vont rentrer après manger. Ça me laisse un peu de liberté, s'il en est, pour travailler ici. Je mange vite fait et je gagne du temps.

— Prends soin de ta santé. Tes enfants ont besoin de toi.

— Ne t'inquiète pas, Alexandre, avec Guillaume pour me seconder, je vais souffler un peu. Enfin, pour l'instant.

Ce dernier est heureux de savoir qu'il va enfin pouvoir travailler ici, à terre.

Alexandre et François doivent repartir. Ils font leurs adieux à Fine et à Guillaume. Ils se reverront dans plusieurs mois !

Fine entreprend donc de raconter à Guillaume ce qu'il y a à faire tout en rangeant et nettoyant la table.

— Ma fille, Joséphine, lavera les plats, fera un peu de ménage et de la couture quand elle rentrera. Elle fera la traite du soir aussi. Les deux garçons, Pierre et Guillaume iront balayer la grange puis au poulailler, ils compteront les œufs restants et inscriront le nombre sur une planche avec un morceau de bois brûlé. Ça leur fait de l'exercice et ils apprennent à compter pour de vrai ! ajoute-t-elle en riant. Chacun a son rôle à jouer. Mais avec toi, ce sera un peu plus facile.

— Je l’espère bien, madame Fine, répond Guillaume.

— Pas de madame ici. Moi, c’est Fine !

— D’accord, Fine, ajoute-t-il en rougissant.

— Bon, je te montre ta pièce. Ce n’est ni grand ni luxueux, mais c’est propre.

Ils montent l’escalier qui part à côté de la cheminée puis un deuxième qui ressemble plus à une échelle de meunier. Mais pour un jeune gars comme lui, cela ne pose aucun problème. Ils arrivent dans ce qui devait être le grenier à l’origine. Un épais matelas a été posé à même le sol en bois. Il verra plus tard pour monter un sommier rudimentaire avec quelques planches comme le lui a montré plus d’une fois son père. Un édredon en plumes recouvre le matelas. On a disposé une chaise dans un coin et un coffre en bois pour ranger ses affaires. Il n’a pas grand-chose à ranger, d’ailleurs. Une paire de pantalons de rechange, des caleçons, des chaussettes, une chemise en lin et une autre en coton, une vareuse pour le temps froid et humide et un tricot de marin que sa mère lui a confectionné, ses sabots fabriqués par son père et son rasoir coupe-choux. Même s’il ne s’en sert pas encore, c’est un bien précieux que lui a offert son grand-père paternel pour sa communion.

Fine reprend en montrant le milieu du mur :

— Il fait bon ici, car le conduit de cheminée passe là. Et il y a toujours du feu dans ma cuisine, tant pour se chauffer que pour faire à manger sur la cuisinière à bois. En été, tu auras trop chaud, mais tu pourras ouvrir la lucarne pour faire un courant d’air avec le bas. Pour tes besoins, il y a une cabane au fond de la cour et un pot derrière le coffre pour la nuit. Si tu veux faire une toilette, il se trouve également un appentis dans la cour avec une pompe à eau et une cuvette. Et des serviettes. Pour de l’eau chaude, tu en trouveras toujours dans la cheminée ou sur le poêle, mais tu en remets à chauffer.

Guillaume, bien qu'un peu confus de parler de choses si intimes avec une inconnue (ou presque), est heureux d'être ainsi accueilli :

— Bien sûr, fine, je ferai comme il le faut, ne vous inquiétez pas. J'ai été habitué avec ma mère. Je continuerai à faire de même.

Ayant terminé la courte visite, ils redescendent. Au premier étage se trouvent deux pièces. Fine lui montre les deux portes :

— À droite, tu as la pièce des garçons et en face celle de ma fille. Moi je dors en bas, dans mon lit clos derrière la cuisine. La porte de l'autre côté de la cheminée. Avant c'était une sorte de bergerie, mais mon défunt époux en a construit une à côté des étables et il a arrangé celle-là pour nous. Ça laisse de la place dans la salle commune quand tout le monde se réunit, par exemple aux moissons. Ça fait du monde !

— D'accord, répond Guillaume.

— Maintenant, au travail ! Pour aujourd'hui, tu me suis et je te montre un peu ce qu'il y a en cours. Plus tard, tu te débrouilleras tout seul.

Guillaume commence ainsi sa vie à la ferme. Celle qu'il a toujours voulue. Il se lèvera avant le chant du coq et se couchera après le soleil, travaillera dehors par tous les temps, mais il ne s'en plaindra jamais.

Ils commencent tous à s'organiser. On est au printemps et le travail va s'intensifier.

En attendant, demain matin, il faudra bien qu'il se lève aux aurores pour traire les vaches et les sortir avec leurs veaux. Il les conduira au pré pour qu'elles profitent du temps plus clément et mangent de l'herbe tendre. Leur lait sera plus épais et plus goûteux. On en fera de la crème et du beurre plus savoureux. Si le temps reste au beau, les veaux élevés sous leurs mères seront gras et musclés. Les deux qualités recherchées pour de la bonne viande.

Arrivé dans le champ, Guillaume s'assure qu'il y a de l'eau dans l'abreuvoir. Comme il a plu ces derniers jours, il est plein. Il referme la barrière en bois qui ferme l'enclos, les autres côtés étant délimités par des talus et des arbres.

De retour à la ferme, Fine lui montre un seau rempli de déchets sous la fenêtre de la cuisine. C'est pour nourrir les cochons qui commencent à s'agiter.

Il n'aime pas trop ces bêtes-là. Elles semblent comme ça, inoffensives, mais il ne faut pas glisser dans leur soue, ces saletés de bestiaux te boufferaient entier !

Il prendra le rythme, de toute façon, il n'a plus le choix.

Après quelques semaines, Guillaume se sent un peu plus à l'aise. Prenant des initiatives sans qu'il y ait besoin de le surveiller, il apprend vite. Ses journées sont bien remplies. Mais il vit dehors dans les champs ou à la ferme, c'est le principal.

Il apprécie aussi la compagnie des enfants de Fine. Ils sont bien élevés et instruits par rapport à lui qui, comme sa mère, a oublié les quelques leçons prises chez monsieur le recteur.

L'aîné des garçons, Pierre, adore écouter des histoires qui empêchent parfois Guillaume de s'endormir. Pas sûr que le chenapan de 7 ans dorme sur ses deux oreilles, mais il ne le fait pas voir.

La veille au soir, par exemple, les quatre enfants se sont installés au coin de la cheminée après manger. La jeune Joséphine raccommode quelques jupons pendant que leur mère prépare les gamelles pour le lendemain matin.

Les voisins de Fine, Jan et Marie sont passés après la soupe et Pierre demande aussitôt au vieil homme de raconter l'histoire de l'oncle Victor. Ce qui ne fait que conforter Guillaume dans sa décision de ne jamais quitter la terre ferme ni la Bretagne désormais :

L'ancien ne se fait pas prier. S'installant confortablement sur le banc au coin de la cheminée, là où il fait le plus chaud, il prend son air matois et commence :

— C'était bien longtemps avant votre naissance, les enfants. Michel[1], un frère de la Fine, rêvait de partir naviguer sur les mers lointaines. Depuis ses douze ans, il apprenait le métier de charpentier de marine auprès de son oncle et de son grand-père aux chantiers de La Richardais. Mais voyant tous les jours des bateaux qui revenaient des Indes ou des Amériques, et entendant des histoires fabuleuses, il ne voulait plus qu'une seule chose : devenir marin.

Après une pause, un rien théâtrale, Jan reprend :

— À 18 ans, n'y tenant plus, il demanda à son père et à son grand-père propriétaire du chantier de bien vouloir le laisser partir.

Pourquoi pas ? Après tout, se dirent les deux hommes. La relève est assurée aux chantiers navals. Il partira quelque temps et reviendra prendre sa place ici.

Guillaume, bien que déjà atterré par cette inimaginable décision, veut quand même connaître la suite.

— Le grand-père Legobien connaissait du monde, bien sûr, depuis le temps qu'il construisait et réparait des navires. Aussi demanda-t-il à quelques-uns de ses amis capitaines s'il n'y aurait pas un embarquement pour Michel. C'était un bon travailleur aux dires de ses collègues. Il trouva un poste d'aide-charpentier à bord du brick « le Robert Surcouf » et, en 1835, il partit pour plusieurs années. Au bout de presque 4 ans, il revint à Pleurtuit.

— Des étoiles plein les yeux et de l'argent plein les poches, commente le petit Pierre.

— Il racontait tous les soirs des histoires fabuleuses et incroyables, reprend Jan. Sur mer, il avait vu d'énormes animaux. Des baleines, plus grosses que dix vaches réunies. On lui montra des ailerons de poissons friands de chair humaine qu'on appelle des requins. Il ne resta que 6 mois à la ferme. Son capitaine le fit quérir pour une autre campagne, plus longue, aux Indes.

Le jeune Guillaume et le grand Guillaume ont tous les deux un frisson tandis que Joséphine, couvant son petit frère Pierre des yeux, sourit en écoutant cette histoire qu'ils connaissent tous par cœur.

— Michel repartit en 1841 pour les Indes sur le même vaisseau. Mais… il ne revint jamais. Presque 5 ans après ce deuxième départ, le grand-père reçut une lettre, qui lui annonçait comment Michel Joseph Legobien, né en 1817, était mort de fièvre cérébrale à l'hôpital de Calcutta presque un an auparavant !

Fine a écouté l'histoire avec un brin de tristesse. Son jeune frère avait cinq ans de moins qu'elle et quand il partit naviguer, elle avait vingt-trois ans. Elle se souvient de lui le jour de son premier mariage, avec Frédéric. Les filles des environs le regardaient en rougissant et en espérant se faire remarquer. Mais Michel était déjà promis à la mer.

Elle s'approche et dit aux enfants :

— On a fini pour ce soir ! Demain matin, vous vous lèverez tout seuls, car je vais au marché porter mes volailles et mon lait. Guillaume (deux têtes se tournent en même temps ! il serait temps de les différencier), tu devras traire les huit vaches du petit pré avant que je parte. J'ai une commande de 6 bidons. Joséphine, tu t'occuperas de faire manger tes frères avant d'aller à l'école.

Les tâches étant réparties, tous se lèvent pour rejoindre leur lit.

En ronchonnant un peu, Pierre demande à Jan :

— Tu reviens quand, père Jan, pour nous raconter la suite ? Guillaume ne connaît pas ces histoires et moi j'aime beaucoup.

— La prochaine fois, qu'on amènera des lapins à ta mère pour le marché. Ma vieille Marie a trop de rhumatismes de ce temps-là, et la Fine livre ses commandes.

— Tu nous raconteras l'histoire de Victor, l'autre oncle qui n'est jamais revenu ?

— Oui, oui, répond Jan en riant. La semaine prochaine, promis craché !

Le lendemain matin, aux aurores et par un temps froid et humide, Guillaume se rend au petit pré avec la brouette et les six bidons pour le lait. Il rapporte le tout dans la cour où Fine attelle son cheval et dépose ses paniers remplis de poulets dans la charrette. Il est heureux d'apporter son aide à l'essor de l'exploitation. Fine avait vraiment besoin de bras. Et pour faire face aux demandes de plus en plus grandes de blé, elle ne peut envisager de cultiver toute seule ou avec l'aide de journaliers pas toujours efficaces, quand on en trouve.

Elle pense sérieusement à chercher des lieux un peu plus éloignés pour écouler sa production quand celle-ci sera plus étendue.

Elle demandera des conseils avisés à Alexandre, lui qui navigue depuis tant d'années. Il connaît du monde et sait certainement comment développer un commerce encore balbutiant.

En attendant, il faut que Guillaume soit de plus en plus autonome. Comme ça, elle pourra demander au père Yvon de l'aide pour labourer et semer. Ensuite, on comptera sur l'entraide habituelle et l'embauche de quelques journaliers. Mais ce sera pour l'année prochaine, car il est trop tard pour semer. Il faudra attendre septembre pour préparer la terre et octobre pour semer.

Le temps passe vite pour Guillaume que tout le monde a décidé d'appeler Guy.

Il travaille d'arrache-pied à la Boussarde et rentre régulièrement chez ses parents à Ploubezre pour leur donner un coup de main et un peu d'argent.

Alexandre lui trouve aussi du travail comme manœuvre aux chantiers navals de La Richardais.

Il en voit des bateaux ! il en escalade des mâts ! mais n'a aucune envie de partir sur l'un d'eux.

À la Richardais, il accepte de temps en temps ces travaux un peu spéciaux. Les navires en réparation ont besoin de main-d'œuvre pour la remise en place des pièces réparées. Les marins, à terre, délèguent toujours ce boulot ! C'est juste bon pour les singes, de grimper dans la mâture. Et puis que les marins qui attendent la fin des travaux les appellent « les singes » lui et ses collègues ne le gêne pas le moins du monde.

Ce surnom est donné à tous ces gars qui grimpent en haut des mâts et se glissent sur les vergues. La Vallée de la Rance est devenue la

Vallée des Singes aux alentours des chantiers navals. La Richardais n'y échappe pas.

Quand il va dans sa famille, il raconte sa vie à la ferme et sur le chantier. Et quand il pousse jusqu'à Dinard pour livrer quelques marchandises à Alexandre, c'est en charrette. L'oncle n'a pas toujours le temps de s'arrêter en remontant la Rance pour charger les colis en retard. Quand il charge à Saint-Malo pour Dinan, il lui faut faire vite. La concurrence est rude. Alors son neveu prend la route avec le bois que la Fine a mis de côté, un peu tard parfois, mais Alexandre ne la laisse pas tomber.

Guy, puisqu'il faut l'appeler ainsi désormais, s'arrête quelquefois un peu plus longtemps à Dinard au retour. Il n'aime pas non plus prendre le bac avec sa charrette et le vieux cheval. Le bateau fait la navette entre la cale de Solidor à Saint-Servan et la cale du Bec à Dinard. Fine lui demande quelquefois de passer voir un de ses oncles à Saint-Servan, où elle est née et a encore de la famille, et il transporte quelques pierres entreposées là et destinées à la construction. Le vieil oncle attend toujours que les prix montent pour libérer sa marchandise qu'il a payée beaucoup moins cher.

Guy aime bien Dinard. Ça bouge, ça vit. Les Anglais construisent d'énormes villas en bord de mer et Saint Enogat, à l'origine plus importante que Dinard, se voit de plus en plus engloutir par cette nouvelle ville prospère et se fondre dans le décor.

Quand il raconte à sa mère ce qu'il voit là-bas, elle ne peut s'empêcher de rêver aux histoires fantastiques que lui racontait Alexandre.

Gaëdig n'a qu'à fermer les yeux et elle entend son frère lui raconter que Dinard regarde Saint-Malo de l'autre côté de la Rance. Il devait l'y emmener il y a si longtemps. Mais il ne l'a jamais fait. Un jour, elle en est sûre, elle se rendra dans ces villes qui lui paraissent si lointaines.

— Au fait, maman, à la ferme ils m'appellent Guy. Parce qu'un des fils de Fine s'appelle Guillaume aussi. C'est bien enquiquinant quand on ne sait pas à qui l'on s'adresse ! Et je m'y habitue, dit-il en souriant. Gaëdig reste muette. Pourquoi a-t-on changé le prénom de son fils ? Déjà qu'on lui a changé son patronyme au tribunal ! Elle l'a baptisé Guillaume. Comme son père. Ce n'est pas bien grave, il sera toujours son Guillaume.

Guy ne voit pas souvent sa famille, car il lui faut une demi-journée pour aller de Pleurtuit à Ploubezre avec la malle-poste, mais c'est toujours une grande joie de retrouver ses parents, ses frères et sœurs, l'odeur du bois dans l'atelier de son père.

Pourtant, au fil du temps, il peine à quitter la Boussarde. D'abord parce qu'il aime son travail malgré les longues et parfois dures journées. S'occuper des vaches et de la terre lui plaît toujours, même s'il est heureux aussi d'aller jusqu'à la Richardais pendant le creux de la saison. Il y retrouve souvent son oncle et son cousin.

Il déteste naviguer, mais l'odeur de la mer et le vent salé lui manquent parfois. Lui, ce qu'il veut, c'est travailler pour gagner un peu plus d'argent. Il aide ses parents quand il va les voir. Il faut aussi qu'il pense à lui, en s'achetant des culottes et des chaussettes ou un chandail. Il met quelques pièces de côté également « pour plus tard ».

Sa vie est rythmée par les saisons à la ferme. Et comme quand il était petit, il aime aussi les veillées au coin du feu. Le père Jan est revenu deux ou trois fois pendant l'année. Il leur a raconté des histoires à faire dresser ses cheveux. Ce petit chenapan de Pierre sait bien qu'il n'aime pas les histoires de marins qui ne reviennent jamais. Pourtant, il insiste pour que le vieux en raconte une à chaque fois.

Les enfants de Fine sont gentils. Souvent, ils essaient de lui apprendre à lire et à écrire, mais les résultats se font attendre. Ils se moquent de lui, mais ce n'est jamais méchant.

Le 9 mai, jour de son dix-septième anniversaire, ils lui font une surprise. Comme ils lui avaient demandé sa date de naissance quand il est arrivé à La Boussarde, il l'avait demandée à son tour à sa mère, car il n'en savait rien. Au mois de mai, ça il le savait, mais quel jour ? Donc à son dernier passage à Ploubezre, Gaëdig le lui avait dit. Elle ne sait pas lire ni écrire, mais elle se souvient des dates de naissance de tous ses enfants. Leurs dates de décès aussi, malheureusement. À un ou deux jours près.

Le 3 du même mois, son oncle Charles, demi-frère de Gaëdig, est décédé de fièvres – sans qu'il sache vraiment de quoi il s'agit – mais il ne l'a appris que la veille de ses dix-sept ans.

Un peu triste au souvenir de cet oncle un peu grassouillet qui tenait commerce avec sa femme, la gentille et très discrète Jeanne, il accueille le cadeau des enfants Legobien avec émotion.

Ce jour-là, les deux garçons lui offrent une paire de chaussettes tricotée par leur sœur avec de la laine récupérée d'un vieux tricot. Il en a les larmes aux yeux, car même chez ses parents on ne fête pas les anniversaires. Encore moins avec un cadeau. Mais Fine étant issue d'une famille aisée, les coutumes ne sont pas les mêmes.

Le père Jan et sa femme passent justement ce soir-là après le souper et ils veillent dehors, dans la douceur du soir.

Bien sûr, Pierre ne peut s'empêcher de demander une histoire au vieil homme. Tout le monde s'installe : Fine, Marie et Joséphine sur le banc, leurs ouvrages à la main, les deux jeunes garçons par terre et Guy sur son trépied.

Jan bourre d'abord sa pipe, et lorsque la fumée monte dans l'air, il commence :

— L'autre fois, je vous ai raconté l'histoire de Michel parti aux Indes et mort des fièvres. Eh bien, figurez-vous qu'un autre des frères de Fine n'a jamais reparu.

Elle se signe à cette évocation.

— Vous vous souvenez tous que Michel était parti pour de longs voyages. Il revint en 1839, si ma mémoire est bonne. Oui, oui ! C'est l'année de l'insurrection contre le gouvernement de Louis-Philippe.

On a lu tout ça dans la gazette et on en a fait des veillées pendant des mois.

Bon, cette année-là, quand Michel est rentré, son jeune frère Victor buvait ses paroles. Dame ! Lui aussi voulait partir et voir du pays. Et surtout, il voulait revenir les poches pleines. Il n'avait pas encore 20 ans, mais c'était lui aussi un sacré gaillard. Et il n'eut de cesse d'obtenir l'autorisation de son père pour embarquer.

Le vieillard s'arrête un instant pour rallumer sa pipe et reprend :

— Comme pour Michel, le grand-père Legobien trouva un embarquement pour son petit-fils. De toute façon, il n'aurait pas pu le retenir longtemps, intrépide qu'il était.

Les enfants boivent ses paroles, ne sentant même pas la fraîcheur de l'air du soir. Les femmes avaient déjà enroulé leurs châles autour de leurs épaules.

— Le jeune Victor[2] embarqua sur le brick « *le Dix Mars* » comme novice. Hé oui, lui n'avait pas fini sa formation de charpentier de marine comme son frère.

Il partit en mai 1839 pour Terre-Neuve. C'est une rude épreuve qu'un tel voyage pour un novice. Mais il était têtu comme dix bourriques ! Les mois passèrent sans qu'aucune nouvelle ne leur parvienne. Mais ce n'était pas rare : la malle-poste ne parcourait pas les mers.

Après une autre pause théâtrale, Jan reprend son récit d'un air lugubre :

— En août 1840, un officier de marine arriva à la Richardais avec un paquetage et des documents. Il remit le tout à votre grand-père et lui raconta la triste fin de Victor.

Comme je sais lire, on me fit voir le document de bord relatant la tragédie, et à force de la raconter je la connais comme ma poche. Il était écrit sur le journal du navire que Victor François Joseph Legobien avait été affecté en bout de vergue, mais qu'il n'avait pas obéi aux ordres. Le temps était à la tempête, mais il est quand même monté malgré l'ordre reçu de rester sur le pont, et défilant un hauban, la main lui a lâché. Il est tombé à la mer. Ses compagnons ont essayé de le repêcher côté bâbord, mais il avait coulé. Il a disparu au large du Labrador le 30 septembre 1839.

Les deux enfants, Victor et Guillaume sont impressionnés, mais, connaissant déjà l'histoire, le sont bien moins que Guy. Ce dernier reste médusé. Les images des hommes tombés dans la Rance et disparaissant dans l'eau glacée lui reviennent en mémoire. Il est terrorisé à la pensée que des gens puissent être engloutis et ne jamais remonter à l'air libre.

Joséphine revoit son jeune frère, un peu tête brûlée, ne craignant rien ni personne avec la fougue de sa jeunesse. Il est mort à tout juste 20 ans, dans cet effroyable endroit dont on lui a dit qu'il était glacial. Ils sont si nombreux à n'être jamais revenus !

Jan et Marie sont rentrés chez eux et la nuit s'est refermée sur la ferme et leurs occupants. Tout le monde rentre en frissonnant et va se coucher.

Le vieil homme a promis de leur raconter une autre histoire, moins effrayante, mais tout aussi fascinante : celle de l'ancêtre qui a acheté et fait anoblir la Boussarde. Rien que ça ! Guy se demande quand même si tout ça est vrai ! Il serait employé dans une famille noble ?

En attendant, il trime du matin au soir et n'a pas le temps de penser à autre chose qu'aux bêtes et aux cultures.

Cependant, il ne se fait pas trop prier quand il s'agit d'aller aux fêtes sur le parvis de l'église de Pleurtuit après les pardons et les processions. Non pas qu'il soit un fervent croyant, car tout ça le dépasse un peu. Il respecte ce qu'on lui dit, mais de là à tout croire… par contre, il ne rate pas une occasion d'aller écouter les sonneurs et de regarder les jolies jeunes filles défiler dans leurs beaux vêtements. Il a beau être taciturne et timide, il n'en aime pas moins s'amuser.

Sa vie est organisée au gré des saisons. Il travaille jusqu'à fin septembre et rentre chez ses parents pour l'hiver. Il aide son père à livrer les sabots et les petits meubles et fait quelques réparations à la maison : quelques trous dans le toit à reboucher, le puits à curer, la pompe à bras de l'abreuvoir à réamorcer. Ce n'est pas le travail qui manque.

Guy est toujours heureux de retrouver ses parents et ses frères et sœurs. Marie-Perrine, qu'on appelle Catherine, a eu 14 ans et va se faire embaucher chez les nouveaux et très riches propriétaires du château de Kergrist. Charles Huon de Penanster fait aussi de la politique. Guy ne sait pas vraiment en quoi ça consiste, mais il sait que le personnage est important. Il paraît qu'il veut faire construire une gare sur ses terrains à Ploubezre. Il faudra attendre quelques 20 années pour voir ce projet se réaliser.

Monsieur le recteur a parlé pour elle. Catherine partira en décembre et ne rentrera pas souvent. Si tout se passe bien, sa petite sœur Jeanne-Françoise, dite Marie-Françoise ou Fanchon, la rejoindra, mais Gaëdig veut qu'elle atteigne au moins ses 14 ans également. Dame, c'est qu'elle a besoin d'aide ici aussi. La petite dernière, Jeanne-Marie est encore très jeune et les deux garçons ne l'aident pas dans la maison. Surtout pas Noël qui ne sait qu'imaginer pour faire le pitre, jusqu'à se mettre en danger. Yves est plus calme et très studieux. C'est le seul qui va régulièrement à l'école, mais que fera-t-il de ce savoir ? Personne ne le sait, et en attendant, il n'aide pas ses parents.

À la Boussarde, Guy ne ménage pas ses bras. Avec son aide, Fine développe les cultures, surtout le blé qui se vend partout en France. Elle a écouté Alexandre et a ensemencé ses terres à sarrasin avec du blé blond et tendre. La demande est forte et avec l'aide de son ami, elle commence à expédier son surplus vers Rennes. L'année prochaine, si la récolte est bonne, elle entreprendra des expéditions vers Paris. C'est son plus grand rêve. Que son blé serve à faire le pain des Parisiens. Enfin, un peu au moins.

En Bretagne aussi il y a du monde à nourrir, mais le prix du blé est encore trop élevé pour la population rurale qui l'entoure. Sauf pour les propriétaires des châteaux qui achètent de quoi fabriquer eux-mêmes leur farine et cuisent leur pain.

Alexandre lui a parlé d'une minoterie dont il connaît les propriétaires. Il fera un arrêt chez eux quand il sera dans le coin, pour savoir s'ils accepteraient une partie de sa production de blé, et à quel prix. Il ne transportera pas gratuitement la céréale, et si le contrat est correct, Fine et lui s'y retrouveront. Mais c'est vers les grandes villes qu'il faut expédier. Nantes, Rennes et Paris sont demandeuses.

Avec le blé, le foin se fait moins rare et les bêtes sont mieux nourries à l'étable. Fine a augmenté son cheptel.

Les Bretons mangent plus de viande, dame ! Il y a de plus en plus de troupeaux de vaches. Et les riches familles d'armateurs malouins qui ont hérité des malouinières et des terres dans toute la région mènent encore la belle vie. C'est à eux qu'il faut vendre.

Et tout ça donne un surplus de travail à Guy qui, bien que courageux, n'en a pas moins que deux bras et 24 heures par jour. Fine embauche de temps en temps des journaliers et un gars de Saint-Servan que son oncle lui a recommandé.

Malgré cela, elle ne pourra jamais développer sa ferme plus qu'elle ne le fait. Il lui faudrait pour ce faire, embaucher des gens, construire de nouvelles étables, acheter des terres. Non, il faut raison garder. Elle ne fera pas de la Boussarde une grande exploitation comme il en a poussé dernièrement en Bretagne. Mais ce que lui rapporte déjà son bien les met à l'abri, elle et ses enfants.

Au mois de février 1862, son fils aîné, Joseph, rentre à la maison pour quelque temps. Il restera jusqu'en juin. Il va sur dix-huit ans, comme Guy, et il navigue déjà au long court. Il découvre une ferme en bon état et prospère. Fine lui raconte comment Guy lui a été d'un grand soutien. Un peu méfiant en écoutant les compliments que sa mère fait à ce dernier, il attend de le rencontrer pour de bon.

En avril, Guy est de retour à la Boussarde. Alors qu'il saute de la charrette qui l'a amené de Pleurtuit, il aperçoit un grand gaillard large d'épaules, blond au visage hâlé qui remplit un tombereau de fumier à grands coups de fourche.

Celui-ci s'arrête en entendant la charrette et regarde Guy en s'épongeant le front. Fine sort de la cuisine à ce moment-là et salue le nouvel arrivant.

— Hé, mais c'est Guy ! Te voilà déjà ! s'écrie-t-elle en l'embrassant sur les joues. Viens, que je te présente à Joseph, mon aîné.

Joseph s'approche d'une démarche chaloupée qui sent son marin.

— Salut ! dit-il à Guy.

— Heu, salut ! répond ce dernier en rougissant.

Fine, devant l'embarras de son garçon de ferme, reprend à l'attention de son fils :

— Je t'ai parlé de Guy, le fils de Gaëdig. Je l'ai embauché l'an passé et il m'a bien aidée à faire fructifier la ferme.

Joseph répond :

— Gaëdig ? Qui est-ce ? Je ne la connais pas mam.

— La sœur d'Alexandre Le Dret.

— Le capitaine Alexandre ?

— Oui, celui-là même.

Et se tournant de nouveau vers Guy :

— Tu n'es pas marin ?

— Hé non ! Toi non plus ? rétorque Guy en regardant la fourche et le fumier avec un soupçon de moquerie dans la voix.

— Bien sûr ! Je navigue depuis bientôt 5 ans avec un de mes oncles, lui renvoie Joseph.

Fine retient un peu son souffle devant cet échange quand les deux gaillards partent d'un grand rire :

— En tout cas, on a les deux pieds sur le plancher des vaches à c't'heure et pas que le plancher pour ta part ! répond Guy qui a toujours le mot pour rire malgré sa réserve.

— J'ai bien besoin d'un coup de cidre après toute cette bouse, pour ne rien dire d'autre.

— Moi aussi. J'ai avalé et respiré toute la poussière du canton !

Et les deux nouveaux amis rentrent ensemble dans la grande cuisine où un bon feu réchauffe l'ambiance un peu maussade de ce jour d'avril.

Une fois qu'ils sont installés à la grande table, Joseph demande à Guy :

— Pourquoi tu ne navigues pas ? Avec un tel oncle, je pensais que toute la famille aurait la mer ou du moins l'eau dans le sang !

Guy prend quelques secondes pour répondre :

— Ici, on est ou marin ou paysan. Je n'ai pas l'âme d'un marin. Par contre, j'aime travailler la terre et prendre soin des bêtes. Je laisse donc ma place sur tous les bateaux du monde à qui veut la prendre !

— Ça se voit que tu es un terrien ! Sur la mer, on voit des navires, s'esclaffe Joseph.

— Moi les navires je les vois à terre. Je monte dans les mâts pour remettre en place les pièces à changer à la Richardais quand j'ai du temps libre ici, précise Guy.

— Un singe !

Et tous les deux de rire de la blague.

Fine raconte alors l'épisode des hommes tombés à l'eau et du sauvetage de certains par Alexandre, expliquant la décision de Guy de devenir paysan.

Les deux jeunes gens ont le même âge, mais pas du tout la même expérience de la vie. Joseph reprend :

— Je reste jusqu'en juin prochain et je repars vers les Amériques.

Guy est content. Il a un compagnon de son âge pour quelque temps et il espère qu'il reviendra. Avec tous ces marins qui ne reviennent jamais, il craint toujours le pire.

En tout cas, ils travaillent dur jusqu'au départ de Joseph. Guy sait bien qu'il ne le reverra pas avant très longtemps, car il embarque pour les Amériques et son voyage durera au moins deux ans.

En juillet 1862, il se retrouve seul. Bon, bien sûr il y a les enfants de Fine et le commis, Yvon, mais ce n'est plus la même chose. Yvon est plus âgé que Guy. Il a au moins 30 ans. On ne lui donne pas d'âge.

Un peu attardé, il est néanmoins costaud et efficace. Fine lui donne toutes les besognes un peu lourdes ou ingrates qui prennent du temps. Il dort dans la grange, dans le fenil au-dessus des vaches. Il ne veut pas entendre parler d'une chambre. Seule concession à ses habitudes, il accepte de souper avec eux dans la salle commune et reste couché près de la cheminée ou du poêle quand il fait vraiment très froid.

On ne peut pas avoir de conversation avec Yvon. Il répond par oui ou par non, ne pose jamais de questions. Quand il ne comprend pas quelque chose, il hésite, attendant une explication et c'est de bonne grâce que Fine ou Guy lui répètent les instructions.

Un soir de mars 1862, le père Jan et sa femme Marie s'en viennent à la ferme et restent après le souper. Ça fait bien longtemps que tous les deux ne sont pas venus ensemble ni ne sont restés à la veillée. Marie est percluse de rhumatismes et il lui est difficile de se déplacer. Aussi espace-t-elle ses visites. Ce jour-là, un voisin les a déposés en charrette et Guy a proposé de les ramener chez eux. Ce n'est qu'à dix minutes avec l'attelage.

Les deux fils de Fine et leur sœur savent bien qu'ils auront droit à une histoire racontée par Jan. Et celle qu'il leur a promise, eh bien, ils ne la connaissent pas !

Après le dîner, une fois la table débarrassée, le feu tisonné et la flambée ranimée, ils s'installent autour de la cheminée, le père Jan tirant sur sa pipe, Fine et sa fille raccommodant des chaussettes et des chandails usés. Marie s'excuse de ne pouvoir filer ou coudre, ses doigts déformés par l'arthrose la faisant souffrir. Guy, Victor et Guillaume s'asseyent par terre et le père Jan commence sa mystérieuse histoire.

— Savez-vous, dit-il en regardant tour à tour les fils et la fille de Fine, que votre maman descend d'un sacré personnage ? Sa mère s'appelait Barbe, Joséphine Barbe.

Ce qui fait sourire les deux chenapans.

Il reprend :

— Le père de cette Joséphine, donc votre arrière-grand-père, s'appelait Jean Joachim Pierre Barbe[3]. Je ne me trompe pas, fine ?

— Non, père Jan. C'est bien ça.

— Ce Jean Joachim était d'origine lointaine. Son père, un grand soldat, était né en Normandie.

Les garçons et Joséphine ouvrent de grands yeux.

— C'est où ça, la Normandie ? demande Guillaume.

— C'est en France, mais plus loin sur la côte vers l'est, répond son frère qui avait appris sa géographie et retenu la carte accrochée au mur de la salle de classe.

Guy et Guillaume se regardent, interloqués : l'est ? C'est où ? Ils demanderont à Pierre plus tard. Pour l'instant, ils attendent la suite de l'histoire.

— Jean Joachim donc, s'est marié à Dinan à une dame elle-même d'honorable origine. Olive des Marets. Le père de Jean Joachim avait été soldat au bataillon de Samponge.

— De Saintonge, père Jan. Corrige Fine qui connaît bien l'histoire de sa famille.

— Oui, oui. Saintonge, répète le vieil homme d'un air bourru. Où en étais-je ?

— Il était soldat ! crie Pierre.

— Voilà. Donc il était soldat. Et par ses faits d'armes courageux et remarquables, il fut autorisé à prendre épouse à Dinan. Comment il l'a rencontrée et reste un mystère, mais il m'est avis que les pères des futurs époux s'étaient connus sur un champ de bataille. Ils eurent plusieurs enfants, dont votre arrière-grand-père. Celui-ci devint chirurgien aux armées du Roy et se révéla aussi vaillant que son père. Lorsqu'il se maria à dame Olive des Marets, propriétaire de la Charlais, il acheta la ferme de la Boussarde et tout le domaine attenant.

Quelques années après son mariage, il demanda au nouveau roi Louis XVI, celui qui est mort raccourci pendant la révolution, d'anoblir la Boussarde et sa terre. Ce qui fut fait. Dès lors, notre bon Jean Joachim devint Noble Homme Jean Joachim Pierre Barbe, seigneur de la Boussarde.

Ébahis, les fils et la fille de Fine restent bouche bée. Guy a encore du mal à y croire.

Après avoir allumé une dernière pipe, Jan reste songeur devant les flammes qui s'éteignent dans l'âtre. Marie somnole. Les enfants aussi sont fatigués. Fine et sa fille se lèvent et secouent doucement les deux vieux.

— Père Jan, Marie, il est temps de rentrer. Guy va vous ramener.

Tout le monde se lève. Jan et Marie s'emmitouflent dans leurs couvertures et Guy les aide à monter dans la carriole.

Avant de partir, le vieux Jan dit aux garçons :

— La prochaine fois, je vous raconte comment un des fils du fameux Jean Joachim alla en prison à Saint-Malo.

Tout excités, ils grimpent dans leur chambre. Fine ajoute des bûches sur les braises puis recouvre le tout des cendres mises de côté pour que le feu dure jusqu'au lendemain et va se coucher.

En revenant de chez les vieux, Guy rêvasse. Lui dont les parents vivotent tant bien que mal, même si ce n'est pas la misère, il a du mal à comprendre cette histoire de nobles. Pourquoi, si l'on est noble, doit-on travailler comme le fait Fine pour subvenir aux besoins de la famille ?

Une fois dans son lit, il ne pense plus à tout ça tant il est fatigué.

Le temps passe sans incident. Guy va voir ses parents régulièrement, mais de manière de plus en plus espacée. Il profite du peu de temps libre que lui laisse son travail à la ferme et celui dans les mâts à la Richardais.

Le père Jan, vieux, mais facétieux, revient en juillet raconter l'histoire du fils du noble soldat Barbe de la Boussarde.

Ce soir-là, il fait beau et un peu chaud. Ils restent dehors dans la cour pour la veillée.

Jan commence son récit :

— Où avais-je arrêté mon histoire l'autre fois ?

— Au fils de l'ancêtre Barbe, s'écrie Guillaume. Celui qui est devenu noble après avoir été soldat.

— Ah oui, le fameux fils. Pour brouiller un peu toutes ces familles plus nobles les unes que les autres, reprit-il avec un brin de malice, ce descendant s'appelait Pierre Jean Joachim Barbe(5).

Les enfants sont tout ouïe. Ils ont passé leur temps à jouer aux soldats et aux nobles sires. Maintenant, ils veulent d'autres histoires pour égayer leurs jeux.

Il reprend :

— Notre homme était ce qu'on appelle un officier de santé. Pas un docteur qui a fait des études pour ça, mais sur les champs de bataille, il avait soigné, amputé, retapé des soldats. Ces actes lui ayant valu la reconnaissance des officiers au service du Roi, il eut le droit de conserver cette profession à Pleurtuit.

Après une bouffée de pipe, il continue :

— Aux dires des bonnes gens depuis ce temps, ce gaillard était un sacré coquin. Il ne pouvait s'empêcher de brailler, de menacer ses voisins dès que quelque chose lui déplaisait.

Une année, il entreprit de faire reculer les limites des terres d'un des propriétaires jouxtant la Charlais. Il avait décidé, après les moissons de juillet, que le voisin trichait. Vous vous souvenez que sa mère était une Dame de la Charlais ? Et même s'ils vivaient ici, à la Boussarde, il avait droit de regard sur les terres maternelles exploitées par son propre frère, bien plus tranquille.

Le voisin, mécontent de cette réclamation, alla devant le juge pour y porter sa plainte.

Le juge de paix, après moult vérifications, convoqua les deux hommes pour leur signifier que Pierre Barbe avait tort et que le voisin pouvait garder ses limites intactes.

Le père Jan reprend son histoire après une lampée de cidre :

— L'irascible oncle de Fine commença à vociférer. Il montra le poing, gronda et cria. Il en vint même à proférer des insultes envers le Juge de Paix, que je ne peux vous rapporter.

Les enfants en sont un peu dépités, mais le vieillard ne leur divulgue aucun des gros mots qu'ils auraient aimé entendre.

— Les gendarmes qui entouraient le Juge et ses assesseurs peinèrent à le contenir tant c'était une force de la nature. Il se jeta sur le pauvre juge qui essayait de s'enfuir et lui assena un coup de pied au cul qui le fit culbuter.

Là, tout le monde rit en imaginant la scène.

— Les gendarmes le maîtrisèrent avec difficulté et le ramenèrent chez lui, lui intimant l'ordre de n'en plus bouger.

La vie continua et notre Pierre s'imagina tiré d'affaires, quand en septembre, deux gendarmes se présentèrent à la Boussarde pour y arrêter Pierre et l'emmener à la prison de Saint-Malo. Il y fut écroué pour injures publiques et outrage au Juge de Paix dans l'exercice de sa fonction. Il y resta plus d'un mois. Et il en ressortit à peine calmé. Il devait avoir dans les 45 ans à ce qu'on dit.

— Fine, tu l'as connu cet oncle, je crois, lui demande Jan.

— Oui, j'avais une dizaine d'années quand il est mort. J'en avais une peur bleue. Je me souviens de ses filles, mes cousines. Hé oui, il n'a eu que des filles. Je jouais beaucoup avec Françoise qui avait à peu près mon âge. Mais l'oncle Pierre me faisait bien trop peu pour que je m'attarde chez eux quand il était dans les parages. Heureusement, il voyageait beaucoup, en Angleterre, sans que l'on sache pourquoi. Pour y faire du commerce, peut-être.

Ses deux fils lui demandent :

— Il était comment ?

— Dans mon souvenir, il était gigantesque, avec une barbe noire et des yeux encore plus noirs. Il avait une grosse voix et il mangeait et buvait beaucoup. Mais j'étais petite, alors peut-être que mes souvenirs ne sont pas fidèles.

Sur ce, le vieil homme et sa femme reprennent le chemin de leur maison. Ce fut leur dernière veillée, le père Jan s'éteignant au cours de l'été suivi de près par sa Marie. Qui leur raconterait les histoires des ancêtres dorénavant ?

1. Michel Legobien. 25-10-1817 Pleurtuit/06-07-1845 Hôpital de Calcutta

2. Victor Legobien. 19-09-1819 Pleurtuit/30-09-1839 en mer Atlantique Nord au large du Labrador

3. Jean Joachim François Pierre Barbe de la Boussarde. 1725/1806 Pleurtuit

4. Olive Mathurine des Marets. Dinan/1827 Pleurtuit

5. Pierre Jean Joachim Barbe 1773/1823 Pleurtuit

Troisième partie
Mon destin est scellé

Les années ont passé et en 1864 Joseph revient sain et sauf de ses grands voyages. Il est encore plus large d'épaules et a les traits burinés d'un vieux loup de mer alors qu'il n'a pas encore 20 ans. Le voyage a duré près de trois ans.

Et comme des années auparavant, quand Alexandre rentrait de ses longs périples dans les mers chaudes ou de Terre-Neuve, Joseph raconte ce qu'il a découvert.

Guy lui demande un soir :

— Dis-moi, Joseph, comptes-tu repartir dans ces pays si lointains ? Tu n'en as pas assez d'être ballotté sur un pont de bateau… heu de navire, jour et nuit. De risquer de couler dans les eaux sombres et glacées de toutes ces mers ?

— Non, mon ami, contrairement à toi, je ne me plais que sur le pont d'un brick, malmené par les vagues et le vent. Le plaisir, vois-tu, c'est de dompter cette masse d'eau salée. Pour un temps, du moins.

Et de reprendre :

— Et si tu voyais les plages de sable blanc briller au soleil, les femmes à moitié vêtues…

— Je t'arrête tout de suite. L'oncle Alexandre en a raconté beaucoup d'histoires comme celle-là, et crois-moi, même ça, ça ne m'a pas attiré. Des filles, même si elles sont habillées de la tête aux pieds, il y en a assez par ici. Le sable n'est peut-être pas chaud et blanc, mais il me suffit quand je vais à Dinard avec l'oncle. De l'eau et du vent, il y en a tant qu'on en veut et même trop parfois !

Cette répartie fait rire Joseph qui ne conçoit la vie que par les découvertes qu'elle offre.

1864. Cette année-là marquera à jamais la vie de Guy. En allant se faire recenser à Ploubezre, le maire l'informe qu'à l'état civil son nom n'est pas Guillaume Le Bescond, mais Guillaume-Jean Le Dret dit Kerloc'h.

Il est atterré ; Le Dret, il connaît. C'est le nom de sa mère. Marguerite Le Dret qu'elle s'appelle. Par contre le reste, il n'a pas compris. Ne sachant pas bien lire, il n'a pas regardé ses papiers d'état civil. Il faut qu'il en parle à sa mère. Comme on est en décembre, il rentre chez ses parents qui sont en train de planifier un nouveau déménagement, cette fois-ci vers Dinard.

Gaëdig et Guillaume lui dévoilent toute son histoire, pourquoi et comment on a changé son nom à l'état civil lorsqu'il avait déjà presque 2 ans. Guillaume Le Bescond est bien son père.

Lorsqu'il rencontre l'oncle Alexandre aux chantiers de la Richardais, ce dernier lui confirme la vérité que ses parents ont été contraints de lui dévoiler. Alexandre, quoique mortifié lorsqu'il a appris l'infidélité de sa sœur, a su taire sa colère et a fini par être fier d'elle. Après tout, elle n'a jamais baissé les bras, a refusé d'abandonner son fils et a tenu tête à tout le monde. Elle a épousé le père de Guillaume-Jean, l'amour de sa vie, et n'a jamais rien regretté.

C'est à Dinard qu'il doit retourner en janvier pour le tirage au sort qui lui dira s'il part à l'armée ou s'il retourne à la Boussarde pour travailler.

Le sort, cette fois, lui est favorable. Il ne part pas, mais reste en réserve au cas où un énième conflit serait déclaré.

Après être repassé rassurer Gaëdig sur le tirage, il retourne à La Boussarde.

Rien ne change à Pleurtuit. Il travaille dur, aux champs et à la Richardais, aux chantiers navals.

En 1866, ses parents, ses frères et ses sœurs s'installent à Saint Enogat. Après le décès en juillet 1864 de sa petite sœur Jeanne-Marie à l'âge de 7 ans, pendant une épidémie de grippe, ses parents ont décidé de partir pour gagner plus d'argent et mettre les enfants à l'abri. Plus d'argent signifie un meilleur confort et peut-être des soins.

Il ne mettra plus deux jours pour aller voir sa famille et revenir à la Boussarde. Saint-Énogat se rejoint rapidement, même à pied.

Les jours et les saisons ne sont que recommencements. Fine est toujours ambitieuse et continue de travailler pour garantir un bel héritage à ses enfants.

Ses deux fils prendront la relève quand ils seront en âge. Avec de la chance, elle pourra vivre longtemps auprès d'eux ou de sa fille, si Dieu lui prête vie.

En parlant de sa fille, Fine s'aperçoit qu'elle est de plus en plus jolie. À la sortie de la messe, les galopins (et leurs pères pour des raisons plus économiques) ne cessent de la regarder. Elle n'est pas grande, mais elle est svelte et a la taille bien prise. Ses longs cheveux épais et brillants sont noirs comme le jais et ses yeux noisette avec de beaux reflets verts quand il fait soleil. Elle a fière allure, cette jolie Joséphine. Sûr qu'elle fera le bonheur d'un gars d'ici. Et puis elle aura une jolie dot. Mais pour l'instant, elle n'a que 15 ans et va encore à l'ouvroir apprendre tout ce qu'elle peut. Et elle n'est pas bête, la petite. Elle sait lire et écrire et surtout compter. Ce qui ne sera pas de trop quand elle devra gérer son foyer.

Guy aussi a remarqué que la jeune Joséphine promet d'être belle en plus d'être un bon parti. C'est calculateur de sa part, mais comme il ne rencontre aucune autre demoiselle vu qu'il ne sort pas ou presque de la Boussarde même pour aller à la messe, de temps en temps, il ne risque pas de connaître beaucoup de monde.

Et à Pleurtuit comme à Saint Enogat, les filles à marier ne regardent que les marins ou bien se lient aux fils des paysans qui travaillent, comme elles, chez les gros propriétaires. Les filles de ferme et les journaliers deviennent domestiques et se marient entre eux.

Guy a 22 ans. Certes, il est déjà allé « voir les filles » avec son ami Joseph, mais il reste discret et ne se vante pas de ses exploits ! et il n'a pas beaucoup de sous devant lui, alors… Rester à Pleurtuit ? Vivre à Dinard avec ses parents et où il trouverait sûrement du travail ? Il n'en sait rien.

Puis, Joseph s'est marié au mois d'août dernier avec Marie Augustine Thébault, fille d'un charpentier de marine ayant quelques biens et couturière de son état. Ce fut une bien belle fête sous un ciel sans nuages et dans la chaleur étouffante d'une fin d'été bretonne.

En 1870, Guy est appelé à la caserne de Lannion, en réserve pour renforcer les troupes napoléoniennes qui se battent contre les Allemands et leurs alliés dans l'est de la France. En juillet, la guerre avait été déclarée, mais en janvier 1871 c'est déjà terminé : Napoléon III ne régnera plus. Guy n'en a que faire, lui, tout ce qu'il sait c'est qu'il n'a pas quitté sa région et qu'il rentre à Pleurtuit au bout de deux ou trois semaines.

1870 a été une dure et triste année pour Guy. Son cousin, son ami de longue date, François, est mort en mai. Peu après son 26e anniversaire, Guy a reçu la bouleversante nouvelle. Il savait que François était malade depuis la fin de l'hiver. Alexandre est resté près de son fils et de son épouse, laissant la Marie-Jeanne, son chaland de Rance, aux mains expertes de son fils aîné. Il a commencé à tousser et à avoir de la fièvre en mars, mais n'a pas voulu se laisser aller. Devenant de plus en plus faible, ses parents lui ont intimé l'ordre de rester à Ploulec'h, chez eux, et ont fait venir un médecin de Rennes. Après une semaine ou deux de rémission, la tuberculose aura raison de lui.

Guy a encore du mal à concevoir ce manque. Même si cela date de plus d'un an. L'oncle s'est mis en retraite, mais donne toujours un coup de main à son fils aîné. Surtout quand il s'agit de traiter avec les charpentiers des chantiers de La Richardais.

Mais il pense aussi à son avenir. Doit-il rester à la Boussarde et demander la main de Joséphine qu'il apprécie de plus en plus ? Il sait qu'il ne lui est pas indifférent, alors pourquoi hésiter ? On approche déjà à la fin de 1871 et il n'a que trop tergiversé.

Il demandera conseil à l'oncle Alexandre quand il le verra. Ce qui ne tarde pas. En octobre, Alexandre passe à la Boussarde pendant les réparations du chaland. Prenant son courage à deux mains, Guy lui demande s'il peut lui parler en tête à tête.

— Bien sûr mon neveu. Tu n'as pas quelques besognes en cours vers les prés pour tes vaches et leurs veaux ?

— Oui, mais demain je dois aller à La Richardais rencontrer un acheteur avec la Fine. Est-ce que je pourrai te voir à ce moment-là ?

— D'accord. Disons à midi si ça te va.

— Midi, l'oncle, c'est très bien. J'avertirai Fine que j'ai à te parler.

Le lendemain aux aurores, Fine et Guy se mettent en route pour leur rendez-vous. Ils doivent faire affaire avec un intermédiaire qui fait commerce de blé et d'orge avec Paris. Fine veut participer à cette aventure très lucrative.

Une fois leurs transactions menées à bien, Guy dit à Fine qu'il doit rencontrer Alexandre aux chantiers navals. Elle ne l'accompagne pas, car elle doit encore passer par le marché aux chiffons pour faire le plein de tissus et de laine pour les vêtements. Elle a vu Alexandre hier et ils ont soupé tous ensemble.

Arrivé aux chantiers navals, Guy aperçoit son oncle qui a l'air soucieux, même s'il n'en laisse rien paraître.

Guy lui donne une accolade et lui demande :

— Ça va mon oncle ? Tu as l'air bien pensif.

— Mon garçon, quand je viens ici, je me souviens de François et j'ai mal. Perdre un fils est terrible. Et comme je ne navigue plus, je me sens de trop. C'est la dernière fois, je pense, que je viens à La Richardais. Je vais me retirer à Ploulec'h et profiter de mes rentes.

Guy comprend. Une immense tristesse revient assombrir son cœur au souvenir du décès de son cousin avec qui il a travaillé, et partagé tant de rires et de secrets de gamins.

— Voilà, reprend Guy en rougissant, je viens de passer 27 ans et j'aimerais fonder une famille. J'aimerais marier Joséphine. Qu'en penses-tu ?

— La Fine ? lui demande son oncle avec encore un peu d'humour dans la voix

— Mais non ! s'insurge Guy. Sa fille, Joséphine

— Nigaud que tu es, j'avais compris ! rétorque Alexandre.

Et après quelques secondes de réflexion :

— Je me demandais quand tu allais te lancer. Vrai ! Tu as 27 ans et tu ne vas pas attendre encore 10 ans qu'un autre gars du coin vienne faire sa demande, non ? Fine les maintient un peu à l'écart, mais elle ne tiendra pas longtemps. Ça lui fait quel âge à la petite ?

— Elle va sur 20 ans.

— Et tu lui en as parlé ?

— Non. Mais je crois qu'elle sera d'accord. Et c'est un beau parti. Dame ! Avec les terres et la ferme de la Boussarde, elle n'est pas sans rien.

Alexandre le regarde, un peu étonné :

— Tu as tout calculé ou je me trompe ? lui demande-t-il.

— Mon oncle, j'ai moi aussi mis un peu d'argent de côté. Depuis que mes parents sont établis à Saint-Énogat, ils n'ont plus besoin de mon aide, ils ont du travail avec les nouvelles villas qui se construisent à Dinard et leur petit terrain. Mes sœurs sont placées, mes frères ne vont pas tarder à partir pour de bon. Je voudrais moi aussi me marier…

— Et continuer à travailler ici, ajoute Alexandre.

— C'est ça. Ma vie est ici, mais je ne veux pas rester garçon de ferme ou bien être obligé de partir si je me marie ailleurs.

— Fais donc ta demande à la Fine, mais avant, parles-en à tes parents. Tu es majeur et en droit de prendre épouse, mais par respect pour eux, vas leur apprendre ta décision.

Le lendemain même, il demande à s'absenter une journée pour aller à Saint-Énogat chez ses parents. Ne posant jamais de questions, Fine accède à sa requête sachant que Guy est un gars sérieux et travailleur et que par conséquent il ne quitterait jamais la ferme sous un prétexte futile.

Il accepte par ailleurs de monter à bord de la Marie-Jeanne avec son oncle pour rejoindre la côte une dernière fois avec lui et avec son cousin Alexandre.

Ce voyage si court soit il lui remet en mémoire ceux faits en compagnie de François, ses propres peurs, l'effroi qui s'était emparé de lui lors du naufrage de la péniche. Il y a plus de dix ans. Et il se souvient des farces et des blagues qu'ils faisaient ensemble. Mais laissons là cette nostalgie. Il doit regarder devant lui maintenant.

À Saint-Énogat, ses parents l'accueillent à bras ouverts comme il se doit. Gaëdig, pourtant marquée par de nombreux chagrins et de tristesse malgré sa seconde vie avec Guillaume, a été très attristée par la mort de son neveu, autant par sa disparition que par la peine incommensurable de son cher frère.

Après les incontournables galettes au beurre salé et la bolée de cidre, Guy se lance un peu confus :

— Voilà ce qui m'amène. Je viens de passer 27 ans et j'ai l'intention de me marier.

Ses parents restent muets un instant. Leur fils est un homme et ils ne l'avaient jamais imaginé marié. Gaëdig se reprend la première :

— Tu te cherches une épouse, mon fils ?

— Non, non, maman. Mon choix est fait. Je voulais seulement vous en parler avant de faire ma demande.

— Qui est-ce ? On la connaît ? interrogent Gaëdig et Guillaume d'une seule voix.

— Maman, tu connais sa mère. C'est la Fine. Enfin, je veux dire Joséphine Legobien, la veuve de Pierre Daniel, bredouille Guy.

— J'ai connu Joséphine, oui. Il y a longtemps. Elle a très bonne réputation et vient d'une grande famille.

— Oui, elle m'a dit qu'elle t'avait connue. Elle a une fille qui s'appelle aussi Joséphine. Elle a bientôt 20 ans et je crois qu'elle sera d'accord.

Guillaume regarde sa femme qui a les yeux un peu brillants. Sans verser de larmes, elle est émue. Tous les deux donnent leur consentement :

— Fais ta demande à la mère et ta cour à la fille ! clame Guillaume.

Guy est heureux et soulagé. Il n'avait aucune raison d'essuyer un refus de ses parents, mais il est content qu'ils soient d'accord.

Après une nuit de sommeil, il les serre dans ses bras et repart vers La Boussarde. En deux heures, il est arrivé. Fine ne lui demande rien, mais à son air un peu interrogateur, Guy sait qu'il faudra lui parler rapidement.

Aussitôt retourné à la ferme, il se met au travail. À midi, les fils de Fine sont encore aux champs et Joséphine est allée à l'ouvroir où elle aide un peu à l'éducation de petites filles. Guy en profite pour expliquer son absence :

— Fine, puis-je vous parler ?

— Pour sûr ! Installe-toi à table pendant que je réchauffe le ragoût et commence donc ton histoire.

— Eh bien voilà ! bafouille Guy rouge comme une tomate bien mûre et très embarrassé. Je voudrais, enfin j'aimerais bien heu…

— Mais que t'arrive-t-il ? s'exclame Fine. Je sais que tu n'es pas bavard habituellement, mais là c'est le comble. Calme-toi et parle clairement, lui lance-t-elle un peu impatiente.

— Je vous demande la main de Joséphine ! débite Guy à toute vitesse

— Comment ? Je n'ai pas compris, se moque-t-elle, ayant très bien entendu sa demande.

— Je voudrais épouser votre fille Joséphine, reprend le jeune homme.

Un grand silence s'installe. Fine regarde attentivement Guy et lui demande :

— Es-tu sûr qu'elle est d'accord ? Tu lui en as parlé ?

— Pas encore, répond Guy. Je le ferai si vous l'êtes. D'accord. Enfin, si vous êtes d'accord.

Fine sourit et lui dit :

— Tu peux le lui demander, va ! Je vous donne ma bénédiction. Je crois qu'elle ne refusera pas ta demande.

Tout heureux et un peu surpris par cette dernière phrase, il se lève et embrasse sa future belle-mère sur les deux joues.

Quand Joséphine revient de Pleurtuit cet après-midi-là, il se décide à l'aborder. Il lui a déjà un peu conté fleurette à sa façon, mais là il doit formaliser la demande. Et ce n'est pas gagné. Il est tellement plus à l'aise avec les animaux qu'il ne sait pas comment entamer la conversation. Mais il doit bien y arriver ! Dame, il ne sera pas le premier ni le dernier !

S'avançant vers la jeune fille, il se lance, tout à coup sérieux et en même temps déterminé :

— Joséphine, j'ai une demande à te faire.

— Oui ? lui répond-elle surprise.

— J'aimerais te marier. Enfin, t'épouser. Heu… si tu es d'accord. Heu… veux-tu être ma femme ?

Joséphine le regarde, attendrie. Elle attendait cette demande. Depuis le temps qu'ils échangent des regards et qu'ils rougissent quand leurs mains se frôlent.

— Si ma mère est d'accord, je le suis.

— Ta mère et mes parents sont d'accord, reprend Guy soulagé. Nous fixerons la date ensemble, après les travaux des champs. Il faut prévoir notre logis aussi, et tant de choses…

Joséphine l'interrompt dans un grand rire :

— Ne te fais pas de souci, Guy, nous avons du temps devant nous. Et de la place aussi. La ferme est grande et mes frères auront leurs terres à cultiver. Si toutefois Pierre veut bien rentrer faire le paysan.

Le frère de Joséphine s'est en effet embarqué comme novice sur le trois-mâts le « France » et ne devrait revenir à terre que vers le mois de juin prochain. Il faudra l'attendre pour la noce. Encore un an.

Pierre est parti et le petit Guillaume ne tient pas en place. Depuis que le père Jan leur a raconté les histoires de l'ancêtre Barbe, les deux frères ne tenaient plus en place. L'un rêvant de voyages sur les mers, l'autre de parcourir les routes et les chemins du monde entier. En 1871, Guillaume a fêté ses seize ans en avril. Il ne veut pas travailler la terre ni traire les vaches. Fine ne voit pas son ambition d'un très bon œil et s'applique à lui inculquer les valeurs terriennes. Mais il est en admiration devant la forge de Pleurtuit. Il voudrait lui aussi travailler le fer, créer des sabres de combat, des épées effilées. Comme le Barbe des histoires, il voudrait courir sus aux ennemis de la France. Même s'il n'a pas la moindre idée de ce que cela implique. Revenir bardé d'honneurs et de gloire et se voir attribuer un titre de noblesse. Il rêve, mais en attendant de découvrir la lointaine Normandie, il doit aider aux champs.

Guy, pendant ce temps-là, ne ménage toujours pas sa peine. En plus de travailler à la Boussarde et d'aller aider ses parents à la coupe du bois pendant la morte-saison, il prépare un coin de la ferme pour sa future famille.

Joséphine brode son trousseau en rêvant à leur foyer.

L'été passe, apportant son lot de travail le plus intense de l'année. Guy retape et reconstruit même une partie des bâtiments inutilisés que Fine leur offre. Ce sera une partie de la dot de sa fille. Ses garçons auront leur part quand elle se retirera des affaires.

En novembre 1871, le 28, monsieur Apuril de Kerloguen, le maire de Pleurtuit, se présente à la ferme, accompagné d'un gendarme. Fine le voit. L'air lui manque. Elle sait que quelque chose de grave est arrivé, mais cela la concerne-t-il ? Doit-elle appeler Guy ? Elle sort dans la brouillasse du matin.

— Monsieur de Kerloguen, lui dit-elle. Entrez, il fait froid et humide.

Le maire et son gendarme entrent à sa suite. Ils retirent leurs chapeaux et l'officier d'état civil se racle la gorge.

— Fine, je suis chargé de t'annoncer une bien pénible nouvelle.

Fine se laisse tomber sur le banc, pendant que sa fille accourt et les rejoint.

— Voilà, j'ai reçu ce matin un courrier concernant ton fils Pierre. Et je dois malheureusement te dire qu'il est mort à bord du « France ».

— Mais, mais, comment, qu'est-ce que… bredouille Fine sans pouvoir terminer ses phrases.

— Je n'en sais pas plus que ça. Il m'a été rapporté qu'il est décédé le 2 de ce mois, à bord, en mer, peu de temps avant l'escale à Bordeaux. C'est pour ça que le courrier est arrivé rapidement.

Fine laisse ses larmes couler, elle qui n'a jamais voulu voir la triste réalité en face. Peu de jeunes reviennent de leurs périples. Ils tombent à l'eau ou bien ils sont malades comme ses frères et son premier mari. Elle n'est pas épargnée.

Joséphine n'a pas retenu ses larmes non plus. Elle sort à la recherche de Guy pour lui annoncer la mort de son jeune frère.

Monsieur de Kerloguen, après avoir confirmé à Fine que le corps de son fils a été rendu à la mer, s'en va rejoindre sa mairie où il doit consigner l'acte dressé à bord.

Dans les jours qui suivent, Fine fait dire des messes à la mémoire de son Pierre et la famille prend le deuil. Cela signifie aussi que le mariage de Joséphine et de Guy devra attendre.

Qu'à cela ne tienne, ce dernier a plus de temps pour arranger leur maison et Joséphine peut aider sa mère dans la peine qui s'est abattue sur eux. Il repart chez ses parents en décembre pour les aider et raconte cette terrifiante histoire.

Pour lui, la mer sera toujours synonyme de peur. Même si certains reviennent de leurs voyages, comme l'oncle Alexandre ou son ami Joseph, il y en a beaucoup plus qui n'échappent pas à ses griffes. La mer réclame son lot de sacrifices.

Il faut qu'il s'entretienne avec Gaëdig et Guillaume pour connaître les règles à respecter pendant le deuil. Doit-il prévoir son mariage beaucoup plus tard qu'il ne l'espérait ?

Fine ne voudra pas organiser une noce, joyeuse et festive, trop rapidement après le décès de son garçon. Gaëdig dit à Guy :

— Vous devrez attendre au moins la fin de l'année prochaine. Certainement novembre. Il faudra patienter, mon Guillaume.

De retour à la Boussarde un mois plus tard, il trouve la ferme toujours en deuil et ce n'est pas près de finir. Joséphine se remet un peu mieux que sa mère. Fine a déjà tant souffert des décès de ses frères, de son époux et d'autres proches, qu'elle semble résignée. Heureusement qu'il y a du travail à préparer pour le printemps qui arrive.

Guy finit d'aménager la maison. Son père lui confectionne quelques meubles qu'il offrira à sa belle pour leurs noces : une table et deux bancs, et surtout une armoire qu'il est en train de sculpter. L'oncle de Fine qui ne travaille plus aux chantiers navals de La Richardais, mais y a conservé un atelier, fabrique le lit-clos, le coffre sculpté et l'armoire dont il dotera Joséphine, à la place de son défunt père.

Fine monte le trousseau avec sa fille. Elle s'évade un peu de cette atmosphère triste et pesante.

L'été approchant, Guy et Joséphine sont de plus en plus inséparables. Et ce qui n'aurait pas dû arriver arriva. Un soir d'orage, alors qu'ils rentrent de la traite des vaches au champ, sous une pluie battante, ils s'arrêtent dans la grange pour se mettre à l'abri. L'averse ne mollissant pas, les deux jeunes gens s'asseyent sur le foin. Ils parlent de leur avenir, de la maison qu'ils habiteront, des enfants qu'ils auront. Et des petits ils en auront. À commencer par celui mis en route ce soir-là de début juin 1871.

Un peu honteux, mais heureux, ils rentrent à la ferme comme si de rien n'était. Fine, tout à sa récente perte ne voit rien.

Dès le mois d'août par contre, il faut se rendre à l'évidence : Joséphine ne peut plus cacher sa grossesse. Elle qui est si mince ne peut démentir ce que son ventre annonce. Les mauvaises langues se mettent en marche. À la sortie de l'église, les vieilles comme les jeunes, les femmes mariées et les cœurs à prendre, toutes commentent le changement de silhouette de Joséphine. Même si elle cache ses rondeurs toutes nouvelles, les vieilles biques ont l'œil ! « Pour sûr que la petite Daniel est grosse. Ça serait-y pas du gars de Ploubezre ? On va bien voir s'il la marie » et « elle avait l'air sérieux pourtant ».

Comme si elles avaient toutes trouvé leur rejeton dans les choux et les fleurs !

Connaissant l'histoire de sa mère et des souffrances qu'elle a endurées quand elle l'attendait, Guy se fait fort de soutenir leurs regards en biais et leurs bavardages. Rien n'a changé en près de 30 ans. Il faut bien que les histoires circulent aux veillées et ils en feront les frais. Surtout Joséphine qui, bien que secouée par ces méchancetés, garde la tête haute au bras de son promis.

Les fiançailles ayant été officialisées l'année précédente, on peut décemment prévoir les noces pour septembre.

Entre la joie d'être bientôt grand-mère et la gêne, Fine se laisse gagner par sa première réaction. Un être s'en va, un autre arrive. Même s'il ne remplacera jamais son fils, le petit ou la petite à venir remplira un vide. Fine veut rendre visite à Gaëdig qu'elle n'a pas vue depuis des années. Elle part avec Guy un matin de la première semaine d'août et ils montent à Saint Enogat. Dame ! Il faut publier les bans aussi ici puisque son futur gendre est domicilié chez ses parents, même s'il habite et travaille presque toute l'année à La Boussarde.

Gaëdig est surprise de les voir arriver :

— Guillaume, mon garçon, que se passe-t-il ? Et avisant Fine toute de noir vêtue, qu'elle ne reconnaît pas : bien le bonjour ! Que me vaut cette visite ?

— Gaëdig, tu ne me remets pas ? Je suis Joséphine Legobien, veuve Daniel. La mère de ta future bru.

Revenant de son étonnement, Gaëdig lui ouvre les bras.

— Cela fait si longtemps ! Entrez donc !

Les deux entrent dans la petite maison si bien tenue de Gaëdig et Guillaume le sabotier et s'asseyent à la table de la salle à manger.

Fine, après avoir accepté de l'eau fraîche, se met à raconter d'abord la disparition de son fils que Guy avait déjà relatée à ses parents. Gaëdig la laisse s'épancher patiemment. Puis Fine aborde le sujet du mariage.

Gaëdig interrompt Fine, lui proposant de parler de tout ça en présence de Guillaume, son époux. Guy se lève pour aller le chercher à son atelier.

Les deux hommes reviennent quelques minutes plus tard.

Après les accolades habituelles, Fine reprend :

— J'aurais voulu attendre un an après la disparition de mon fils Pierre pour organiser le mariage de nos enfants, mais voilà qu'ils en ont décidé autrement.

Les parents de Guy le regardent intrigués et perplexes :

— Et pourquoi changer, Fine ? L'un des deux a décidé de rompre son engagement ? lui demande Guillaume inquiet à l'idée des conséquences d'une telle décision, le déshonneur de la jeune fille, le manque de respect désormais affiché envers son fils.

Gaëdig, elle, a sa petite idée, mais attend la réponse.

— Nos amoureux ont pris de l'avance, et comme ils sont fiancés et que le ventre de ma Joséphine s'arrondit, autant prévoir rapidement cette fête.

Les deux parents regardent leur fils puis Fine et Gaëdig se remémore ce qu'elle a vécu, caché et tu il y a presque 30 ans et prend la parole :

— Guillaume, mon fils, vous avez pris de l'avance, mais je suis contente que tu ne te défiles pas !

— Sûr qu'on est d'accord. Prendre un peu d'avance dans ces conditions-là n'est pas vraiment pécher, répond Guillaume.

— Arrêtons donc une date, alors, reprend Fine. Nous sommes en août, la maison que Guy a arrangée est prête. Le trousseau et le plus gros des meubles sont en place. Que pensez-vous de septembre ?

Guy n'a pas son mot à dire. Bien sûr, il est d'accord, mais c'est aux parents de décider des détails. Tout est un peu chamboulé, mais Fine a déjà prévu la dot de sa fille et elle sait que Guy ne rentrera pas dans la famille sans rien.

En septembre, Gaëdig est de nouveau très heureuse. Elle est fière aussi de voir son fils aîné, son Guillaume, si bien marié. Elle n'avait pas autant dansé depuis si longtemps. Le son des vielles et des binious la transporte et elle danse avec son époux. Elle n'avait pas pu le faire avec autant d'entrain lors de leurs épousailles puisqu'elle était censée porter le deuil de son premier mari, mort dans un bordel de Savannah, même si elle n'en avait cure, toute à sa joie d'être enfin la femme de Guillaume le sabotier.

Joséphine est jeune et forte. Elle portera son premier né malgré le froid rigoureux de cet hiver et les travaux les plus rudes à cette époque. Elle seconde toujours sa mère à la ferme, aide à l'ouvroir et tient son intérieur. Guillaume n'est pas en reste et gagne toujours de l'argent en travaillant dur.

Le 7 mars 1873 naît leur premier enfant et c'est Marie Joséphine qui sera l'aînée de sept autres petits Le Dret.

Le frère de Joséphine, Guillaume part après la naissance de sa nièce, emmenant dans sa poche, l'argent de son héritage pour ne jamais revenir. On aura de ses nouvelles de temps à autre, un jour en Vendée, un autre à Bordeaux. Quelques personnes disent qu'il fait le forgeron ou le ferronnier dans les villages où il s'arrêtait. D'autres, qu'il se retrouve plus souvent en prison pour injures ou bagarres que devant un soufflet de forge. Les histoires du père Jan l'ont inspiré, celui-là. Nul ne sait vraiment ce qu'il devient.

Le couple reste seul avec Fine à la Boussarde et l'héritage n'en sera que plus prospère. Dame, la part de Joséphine qu'ils font fructifier s'en est vue accrue.

Après cette petite Marie, Joséphine met au monde un petit garçon en juillet 1875, pour leur plus grande joie à tous les deux. Malheureusement, Joseph-Marie ne vivra que 5 mois. En décembre de cette même année, leur premier fils est décédé.

Malgré le chagrin causé par cette perte, le couple continue de vivre et de travailler côte à côte à la Boussarde.

Leur troisième enfant est encore une fille. Elle porte les mêmes prénoms que sa mère : Joséphine Augustine voit le jour en novembre 1876.

Quelques mois plus tôt, le 14 mai 1876, l'oncle Alexandre est parti rejoindre son fils et ses ancêtres. Sa chère sœur Gaëdig à ses côtés, il s'est éteint en rêvant peut-être de sable blanc et chaud et d'Indiens qui vivent tout nus dans des maisons couvertes d'or.

Les grossesses et le travail fatiguent Joséphine dont les journées sont de plus en plus chargées. Mais comme toutes ses semblables, elle n'a pas le choix. Son époux gagne de l'argent, certes, en faisant tourner une des plus belles fermes de la région, mais elle aide aux champs, à l'entretien des animaux et vend ses produits sur le marché. Fine l'accompagne souvent ou bien surveille ses petites filles.

Le quatrième enfant de Joséphine et Guillaume-Jean est sans surprise… une fille. Célestine Anna voit le jour à Pleurtuit le 29 mars 1879. Trois filles à la maison ! Guillaume est bien entouré. S'il n'avait pas engagé deux ouvriers agricoles, non seulement il ne verrait jamais un autre mâle, mais en plus il n'aurait pas d'aide aux champs. Et des filles, ça veut dire des dots ! Guillaume est toujours un peu calculateur, mais il adore sa femme et ses enfants.

En 1881, le 27 mai, vient au monde Virginie Léonie, le cinquième enfant. Ce n'est pas une malédiction, mais ça y ressemble. Que faire de toutes ces filles ? Joséphine est ravie. Toute sa petite marmaille lui rappelle les fillettes qu'elle instruisait à l'ouvroir, il y a si longtemps. Entre sa femme, sa belle-mère et ses quatre filles, Guillaume travaille d'arrache-pied pour assurer un certain confort à tous.

Le 7 juillet 1884, c'est un garçon, enfin ! Depuis le début de sa grossesse, Joséphine le sent. Elle n'est pas comme les autres fois. Elle ne peut jurer de rien, bien sûr, mais elle n'est pas étonnée quand la sage-femme lui annonce que c'est un beau petit garçon. Guillaume, qui travaille aux champs, alerté par le gamin d'un voisin, se précipite à la maison. Il est heureux. Un garçon ! Un beau bébé bien joufflu avec des cheveux foncés qui tète sa mère. Joséphine est fière et heureuse aussi.

Ils le baptisent Guillaume (comme son père) et Auguste (le deuxième prénom de Fine, Augustine).

Et les deux parents, échangeant un regard furtif, espèrent que celui-ci aura une longue vie.

Presque trois ans plus tard, Joséphine met au monde leur septième enfant. Rosalie Augustine naît le 12 octobre 1887. Elle a l'air un peu fragile et différente de ses sœurs et de son frère. Elle restera chétive tout au long de sa courte vie.

Un dernier enfant, un garçon, naît le 27 mars 1890. Il se prénomme Pierre, comme le frère de Joséphine.

Joséphine se remet de ses grossesses et assume l'éducation de ses sept enfants. Son cher Guillaume n'est plus très solide. Sa santé se dégrade au fil des ans. Le robuste jeune homme de 16 ans arrivé à La Boussarde il y a presque 30 ans n'est plus que l'ombre de lui-même. Il est de plus en plus sujet aux bronchites et autres grippes. Rien ne l'épargne.

Guillaume-Jean Le Dret dit Kerloc'h ne verra pas ses enfants fonder leurs propres familles. Il s'éteint le 20 décembre 1891, à l'âge de 47 ans, moins de deux ans après la naissance de leur huitième enfant.

Fine se fait vieille, mais elle est présente auprès de sa fille. Elle n'a plus qu'elle. Les deux filles aînées de Guillaume et Joséphine sont déjà parties à Paris chercher du travail. Les autres partiront aussi. Seule Rosalie, la dernière fille, reste près de sa mère jusqu'à son décès à La Boussarde en 1905 à l'âge de dix-huit ans.

Que sont devenus les enfants de Joséphine et Guillaume ?

Marie, l'enfant de l'amour, part à Paris à peine ses seize ans atteints et y rencontre un gars du Pas-de-Calais, Benoît Gourlez. Rentrée pour l'inhumation de son père, Benoît la rejoint et ils se marient à Pleurtuit quelques mois plus tard. Comme son époux travaille dans le Pas-de-Calais, elle reste à Pleurtuit et il l'a rejoint de temps en temps. Leurs deux premiers enfants naissent à la Boussarde. Ils vivent dans la Somme un moment, puis à Montigny-en-Gohelle, ville de naissance de Benoit. Mais Marie-Joséphine retournera à Paris avec ses enfants pour y travailler alors que son époux reste à Montigny. Ils finiront par divorcer et elle se remariera à Paris. Après avoir perdu son second mari, elle vivra à Châtillon et s'éteindra à l'hôpital Cochin en 1943.

Joséphine est heureuse un temps, entourée de ses enfants et ses petits-enfants. Même si ce bonheur ne dure qu'un temps, puisque sa première petite-fille, Charlotte, ne vit que deux mois. L'aîné, son premier petit-fils, est beaucoup plus robuste.

Comme sa sœur aînée, Joséphine part chercher du travail et rencontre son futur époux à Paris. Jules Paul Fischer est un sacré beau gars qui n'a pas peur de grand-chose. C'est un vrai Parisien né rue Lecourbe en 1870. Avant de rencontrer Joséphine, il a bourlingué. À 20 ans, en 1890, comme tous les jeunes hommes, il est appelé. Seulement bouillant et frondeur comme il l'est, il s'attire quelques ennuis avec les forces de l'ordre, rien de grave, mais quand on sert sous les drapeaux, tout prend d'autres proportions. Il s'engage dans l'armée en 1891 et rejoint le 210e régiment d'infanterie qu'il quitte en 1895 pour la Légion étrangère. Il voit du pays, passant de l'Algérie à Madagascar. En même temps que l'amour, Joséphine découvre ses tatouages qui relatent son histoire et elle tombe immédiatement sous le charme de Jules. Leur premier enfant naît à Paris juste avant leur mariage en décembre 1900. Ils partent tous les trois s'installer en Bretagne où l'air est plus sain pour le petit garçon un peu faible, qui, malgré tout, meurt à la Boussarde peu de temps après. Le couple repart s'installer à Paris où naissent Jules Paul Célestin (dit Paul) en 1903 puis Joséphine Juliette en 1905. Joséphine ne connaît pas ses petits-enfants restés à Paris ou à Montigny-en-Gohelle et ne les verra jamais puisqu'elle s'éteint en 1910.

Ils partent ensuite pour le Pas-de-Calais où les mines et les fonderies offrent du travail, certes dangereux, mais la vie à Paris est devenue compliquée et chère. Et la grande sœur de Joséphine, Marie, y est retournée. Quand la Première Guerre mondiale éclate, Jules est soldat de réserve et il part en campagne contre l'Allemagne du 28 février au 30 mars 1915.

Il en rentre malade des bronches et atteint d'un emphysème. Le charbon et la houille ne sont pas indiqués pour ses maux. Toute la famille s'installe à Malakoff. Il s'éteint à l'hôpital Saint-Joseph à paris le 27 avril 1921 à l'âge de 51 ans, et Joséphine meurt le 9 mars 1922 à Malakoff, chez elle, auprès de sa grande sœur Marie à 45 ans.

Joséphine a le bonheur de voir Célestine se marier à Pleurtuit avec Prosper Martin, marin de son état, à tout juste 18 ans en 1898. Elle met au monde leur fille aînée, Anna, en 1899, également à la Boussarde. Prosper comme tous les marins n'est jamais là. Célestine rejoint ses aînées à Paris pour y trouver une place de domestique, accouche d'un fils nommé Paul Auguste et fait la connaissance de Georges Couellan. En 1905, ils ont une fille, Georgette.

Divorcée de Prosper avec qui elle ne s'entend pas, elle vit un temps à Paris. Georges et elle reviennent s'installer en Bretagne, à Saint-Briac, avec les deux enfants.

Célestine retourne à Paris et finit ses jours, en 1960 à Châtillon chez son fils. Georgette, sa fille, restera à Saint Briac jusqu'à la fin de ses jours.

Les aînées s'étant établies qui à Paris, qui dans le Pas-de-Calais, il en va de même pour Virginie qui aura aussi une vie difficile. À Paris, par l'entremise de son beau-frère Benoit Gourlez, elle rencontre Louis Detève, originaire de Montigny-en-Gohelle. Ils s'y marient le 11 mai 1807 où Louis exerce la profession de houilleur ou mineur de houille aux mines de Courrières, théâtre d'une catastrophe mortelle en 1906. Ils ont quatre filles. Virginie reste à Montigny jusqu'à son décès en 1949.

Joséphine ne reverra pas sa fille et ne connaîtra pas ses petites filles toutes installées dans le Pas-de-Calais.

Dernière partie
Saint-Briac, Le Havre

Fine verra plus longtemps ses petits-enfants, quand elle s'éteint le 18 juillet 1894, à quatre-vingt-deux ans, Guillaume Auguste a dix ans. Il deviendra mon arrière-grand-père.

Né en 1884, il est leur premier garçon vivant. Sa grand-mère Gaëdig reporte sur lui l'amour qu'elle a donné à son père. Elle lui raconte des histoires de bateaux, grands comme des maisons qui se coursent sur la mer et des gens qui vivent tout nus au soleil. Elle lui murmure à l'oreille, qu'en face de chez elle à Dinard, se dresse Saint-Malo que son frère Alexandre devait lui faire visiter. Guillaume Auguste est encore un bébé, mais il sera bercé par ses récits. Et qui sait, peut-être en a-t-il retenu des bribes. Gaëdig est sûre que ses histoires resteront gravées dans sa mémoire, comme un héritage.

Gaëdig s'éteint alors qu'il n'a pas 2 ans.

En grandissant, Guillaume Auguste, contrairement à son père, ne rêve que de mer, de voyages et de bateaux. Très jeune, il embarque par goût de l'aventure, mais surtout pour échapper au métier dur et peu valorisant d'agriculteur. Il aime voyager, en témoigne son inscription sur plusieurs manifestes d'immigrants enregistrés à Ellis Island en tant que marin puis de passager.

Un jour, il fait la connaissance de Hyacinthe Grossetête sur un caboteur commandé par son père Hyacinthe Charles Grossetête. Il est apprécié à bord, ce jeune homme aux cheveux bruns et aux yeux gris. Il apprend vite et rien ne l'arrête. Sans être une tête brûlée comme certains de ses ancêtres, il n'en est pas moins volontaire. Il veut apprendre pour se hisser au plus près des sommets.

Son ami Hyacinthe, qui a à peu près son âge, l'invite à passer quelques jours à Saint-Briac, dans la maison familiale de la Ville-ès-Toire. C'est une jolie maison en pierre de taille un peu sombre, mais bien tenue par Maria, la fille aînée de Hyacinthe Charles et de Maria Angélina Noël, morte en mai 1900.

Au moment du décès de leur mère, Maria a dix-sept ans, Hyacinthe, quatorze ans, Juliette, douze ans, Joseph, huit ans et Joséphine seulement 5 mois. Leur père, briacin de naissance, mais d'une longue lignée originaire de Lancieux dans les Côtes-du-Nord et premier marin de cette grande famille, maître au cabotage depuis 1876, est toujours absent, naviguant le plus souvent. Dame ! Il faut bien nourrir cette grande famille. Et puis, naviguer, il ne sait faire que ça.

Maria Eugénie est née dans cette maison de la Ville-ès-Toire à Saint-Briac d'où sont originaires sa mère et ses ancêtres capitaines et maîtres au cabotage. Elle est courageuse et elle aussi, ambitieuse. Elle est la chef de famille en l'absence du père. Seul son frère Hyacinthe navigue depuis ses 12 ans, mais les autres sont sous sa responsabilité.

Quand elle rencontre Guillaume Auguste, elle sait qu'ils ne se quitteront plus.

Après leur mariage à Saint-Briac le 2 juillet 1912, le couple reste dans la maison de ses parents et Maria y mettra ses enfants au monde.

Le 7 janvier 1914 naît leur premier enfant, Eugène Guy. Il est suivi de Louise Maria, née le 12 septembre 1917, puis de Raymonde Rosa Hélène le 28 juillet 1924.

À la naissance d'Eugène Guy, Guillaume est absent. Il navigue. Sa carrière de marin le fait embarquer sur divers cargos pour le compte de la Compagnie Française des Phosphates de l'Océanie. Sur les îles de Polynésie française, on a besoin de bras pour extraire le phosphate et aussi de marins pour le transporter.

Après avoir navigué sur différents navires depuis 1919, Guillaume Auguste embarque sur le S/S Homéric à Cherbourg, pour New York où il débarque sur Ellis Island, le 20 janvier 1927, en transit pour San Francisco. Cette fois-ci, il voyage comme passager en cabine de seconde classe payée par la Compagnie. Son contact à San Francisco, monsieur Jacquemart, est responsable de ladite C.F.P.

Guillaume continue de voyager au départ de Tahiti pour la France et vice-versa. Il réside à Papeete où Maria le rejoint avec leurs deux filles, Louise et Raymonde.

Quand ses parents partent pour Tahiti en emmenant ses deux jeunes sœurs, Eugène est confié à un couple de fermiers originaire de Ploubalay qui vient de s'installer à Saint-Briac dans leur ferme au lieu-dit Les Corvées. Il n'a pas l'âge d'embarquer, mais ce ne sera pas long.

Pierre et Amélie Marcadet, tout juste mariés depuis septembre 1926, accueillent donc Eugène, 12 ans, pour deux ou trois ans. Il sera garçon de ferme comme son grand-père Guillaume Jean Le Dret dit Kerloc'h, qu'il n'a pas connu, mais dont il a vaguement entendu l'histoire.

Et contrairement à son ancêtre, Eugène veut naviguer : *« je serai marin » !* se jure-t-il en regardant la mer de La Houle au Perron. Il aime beaucoup les Marcadet et travaille à la ferme tout en apprenant bien à l'école, mais il n'a aucune envie de rester garçon de ferme ou journalier. Son avenir s'ouvre au large.

Vers l'âge de quinze ans, il se décide. Il commence comme novice, bien sûr, et poursuit une carrière bien remplie et semée de belles histoires que j'aime à imaginer ou peut-être embellir.

À vingt ans, il effectue son service national, dans la marine bien évidemment, enregistré à Cherbourg.

Ayant navigué pour la Société Navale Caennaise avant d'être appelé, il y fait la connaissance de Jules Michelot, Dunkerquois de naissance, grand marin installé au Havre où il a épousé Berthe Tanguy avec qui il a de nombreux enfants. Elle est Havraise et fille de pilote du Havre et de marins. Sa famille maternelle est originaire de Honfleur et ses environs. Son Dunkerquois de mari dont les pères et grands-pères sont capitaines au long cours ou maîtres au cabotage trouve ses origines dans le Morbihan. Les marins sont par définition des voyageurs, mais l'amour leur fait bien souvent jeter l'ancre dans le port où ils le trouvent. Jules et Berthe ont 10 enfants, dont Raymonde Renée Juliette.

N'ayant aucune famille proche en France puisque ses parents et ses deux sœurs vivent toujours en Polynésie, Eugène s'installe au Havre, près de Jules, où il trouve du travail et des embarquements. Il fait bien sûr la connaissance de Raymonde.

Eugène épouse le 5 mai 1935, Raymonde Renée Juliette Michelot, fille de capitaine de la marine marchande.

Sa vie est bien remplie et en fait un homme de devoir et de courage. C'est peut-être parce qu'il était mon grand-père et qu'il m'a donné le goût des voyages et des découvertes que je le vois encore aujourd'hui comme un héros très discret. Peu de gens savent qu'il a été décoré de la médaille du mérite maritime à Nemours en Algérie, par le contre-amiral Ponchardier.

Ses voyages le mènent dans nombre de contrées : pour la Compagnie Générale Transatlantique, il a travaillé sur « Normandie » et « Gascogne » ; après la Deuxième Guerre mondiale, en 1950 il travaille au remorquage des caissons d'Arromanches au port du Havre pour la finition des quais reconstruits ; il a été « patron » sur des remorqueurs de la Transat également. En juin 1940, il navigue sur le remorqueur « Titan » de la même compagnie et participe à ce qu'on appelle « l'évasion du Jean-Bart ». Pour mémoire, le « Jean-Bart » est un cuirassé français en construction à Saint-Nazaire que les Allemands convoitent. La Luftwaffe tente de l'immobiliser, voire de le détruire. Pas tout à fait fini, il faut l'évacuer de nuit pour le laisser échapper aux tirs allemands. Pour sortir du chantier alors qu'il n'est pas fini, il lui faut l'aide de remorqueurs, dont « Ursus » « Minotaure » et bien sûr « Titan ».

Pour la Compagnie Monod au Havre, il travaille sur la grue flottante de 125 tonnes. Cette Compagnie, puis Banque Monod, lui proposent un poste en Algérie et en 1952 il part pour le port de Nemours en pleine expansion. Il y reste jusqu'en 1958, avec

Raymonde qui le rejoint avec ses trois plus jeunes enfants, Monique (ma maman), Gérard et Roland.

Pour la Compagnie Dumez, il travaille sur le « Salvor » à la pose de pipeline pour Gaz de France de Mostaganem en Algérie à Carthagène en Espagne.

Ses fils suivent sa destinée maritime. Michel navigue pour la Navale des Pétroles et pour l'Armement Martin sur les bananiers. Gérard et Roland le retrouvent sur le « Salvor ». Gérard quant à lui le rejoint sur le Titan après le retour d'Algérie.

Comme son père, il a choisi de naviguer, mais comme son grand-père il aimait la terre et son petit jardin ouvrier était un bijou, plein de senteurs et de couleurs.

On peut aimer la terre comme on aime la mer !

Les deux sœurs d'Eugène ont vécu une partie de leur enfance en Polynésie française avant de rentrer au Havre.

En 1934, Guillaume et Maria, malades, rentrent au Havre. Le climat, le manque d'hygiène, les épidémies, qui sait ce qui a pu les atteindre. Leurs deux filles n'ont rien.

Le 14 janvier 1935, Guillaume Auguste Le Dret meurt à l'hôpital du Havre.

Le 7 décembre 1935, Maria Eugénie Grossetête décède à son tour également à l'hôpital.

Ils ne se sont jamais quittés très longtemps.

En 1935, Louise, dite Louisette, avait dix-huit ans et Raymonde n'en avait que onze.

Je les ai bien connues toutes les deux, leurs époux, ainsi que leurs enfants. Gentilles et souriantes, dignes descendantes de Marguerite Le Dret, héroïne malgré elle de cette tranche de vie familiale, c'était toujours avec un immense plaisir que je leur rendais visite.

Elles ont fini leur vie à Saint-Briac à l'endroit où elles étaient nées. À la Ville-ès-Toire.

Des enfants d'Eugène et Raymonde, chez qui j'ai passé de très nombreuses vacances, week-end ou autre temps libre, il reste ma maman, Monique Le Dret. Elle vit toujours au Havre, la ville qui l'a vue naître, et où elle a toujours vécu (en dehors de quelques années à Nemours et à Saint-Briac pendant la Deuxième Guerre). Elle s'y est mariée avec un bel homme de Calais, mon père, Robert Lefebvre, dont aucun ancêtre n'a parcouru les mers.

Huit enfants dont je suis l'aînée sont nés de cette union.

Roland Le Dret, mon parrain, le dernier-né, vit toujours à Saint-Briac où il est né, avec son épouse briacine, Renée Cahours.

Tous ces descendants de Gaëdig ont eu des vies qui très tranquilles, qui aventureuses.

Soleil couchant

Que reste-t-il du soleil qui a tant brillé ?
Quelques traces dorées qui dansent dans le soir
Des paillettes cuivrées et des reflets mouillés
Ondoyant sur les flots de la mer presque noire

Où part-il se cacher le maître des étoiles ?
Retrouve-t-il sa fée ou son âme damnée ?
Vers une île secrète, il aura mis les voiles,
Le coquin majestueux aux ors safranés !

Le coucher du soleil comme celui d'un roi
Sur la mer endormie, il se la joue Hélios
Dans son écrin salé, il nous dicte sa loi
Mais dans le ciel éteint, il nous rend à Éros

08/09/2023
Armelle Renaux-Lefebvre
Versi al Tramonto, Marsala

Imprimé en Allemagne
Achevé d'imprimer en janvier 2024
Dépôt légal : janvier 2024

Pour

Le Lys Bleu Éditions
40, rue du Louvre
75001 Paris